Émilie Brouquier-Gage

Le Cri...

Sommaire

Introduction

Au moment, où je t'écris, je m'apprête à avoir 30 ans. Trente ans, c'est un tournant pour moi, une période charnière, je dis au revoir à une époque douloureuse pour rentrer dans une nouvelle décennie qui je l'espère me sera plus profitable et plus douce. Considère ce livre comme une autobiographie, un journal intime, et considère toi comme mon confident ou ma confidente.

Certaines choses sont dures à exprimer dans la vie surtout dans la société actuelle. Je ne sais pas si ma démarche sera vraiment apaisante, je vais être honnête, mais ce qui est sûr, c'est que l'écriture est devenue un refuge, un sujet d'expression comme la parole, la danse...

2024 m'a appris énormément de choses sur moi. Avec mes projets professionnels, j'ai pris des risques, celui de me jeter dans le vide sans savoir si le succès serait au rendez-vous. Je me suis également isolée pendant quelques mois pour prendre soin de moi correctement, car j'ai compris que certaines épreuves ne peuvent se vivre que dans la solitude afin de réfléchir, de se recentrer, de faire le point.

Ce livre je le dédie à tous ceux qui ont vécu des expériences douloureuses aussi bien physiques que psychologiques. C'est une dédicace à tous ceux qui ne se sentent pas « assez » et qui s'acharnent à vouloir trouver de l'humanité dans ce monde qui en est cruellement démuni. Garde bien en tête que la première personne pour qui tu vis en premier, c'est toi et que tout doit venir de toi avant de venir des autres. Tu ne peux compter que sur toi, c'est une phrase assez dure, malheureusement plus nous avançons dans le temps, plus cette phrase prend tout son sens, tu es le moteur de ta propre vie.

L'essentiel est en toi, alors peut-être que tu n'as pas su l'exploiter, que tu n'as pas su en faire une force mais ne doute pas de toi ! La meilleure version de toi est peut-être sur le point de se révéler ou se révélera un jour.

Je ne vais pas te dire que c'est facile, c'est même difficile mais nous en sommes tous et toutes capables, nous avons en nous des forces dont nous sous-estimons l'existence. Je t'embrasse petit chat. Prends soin de toi.

Un Cri Libérateur !

Dis moi, toi, qui lis ce livre, ça t'es déjà arrivé d'avoir envie de crier, d'aller dans un endroit isolé et de pousser ce fameux cri. Tu sais, celui qui est sensé te délivrer, te soulager de tous tes maux, de toutes tes douleurs, de tous ce poids que tu portes sur ton dos.

Oui, non ? Et bien je me demande souvent ce que ça provoquerait chez moi, est ce que ça me soulagerait ? Est ce que tous mes vieux démons disparaîtraient ? Entre nous, je pense que non, mais je dois dire que ça m'intrigue quand même. Si un simple cri pouvait panser certaines blessures, ça se saurait. Cependant certaines actions comme l'écriture ou la thérapie peuvent t'emmener là où tu es sensé être. Ce livre ce n'est pas seulement le mien, c'est également le tien. Je suis sûre que tu te reconnaîtras dans les épreuves que j'ai traversées ou alors peut-être que tu as dans ton entourage quelqu'un qui a vécu les mêmes événements.

Tu sais, un rien peut parfois tout changer ! J'aime beaucoup cette phrase, car en une fraction de seconde, les cartes peuvent être redistribuées à ton avantage si tu t'en donnes les moyens.

Pour en revenir à cette expérience du cri, j'ai jamais vraiment eu l'occasion de tester l'expérience ni même oser, j'aurais peur d'être ridicule même en étant seule. Alors tu vas me dire, oui mais, si tu es seule, aux yeux de qui, tu paraîtrais ridicule ? Et oui, je me pose beaucoup de questions dans ce style, tu sais ces questions invraisemblables pour la personne d'à côté mais qui prennent toute la place dans ton cerveau et qui ont du sens pour toi.

En fait pour te résumer les choses, je suis une fille « simple » qui a une existence « complexe ».

Ce livre, c'est mon cri à moi ! Je me suis dit que j'allais le formuler par l'écrit, car j'ai tellement de choses à dire.

Quand on y réfléchit, pourquoi un cri serait oral ?

J'admire les personnes qui ne se posent pas trop de questions, qui vivent dans une certaine insouciance toute leur vie. Et en même temps, ne pas s'en poser du tout, c'est rendre sa vie plate, sans rebondissements.

Je crois qu'inconsciemment, j'ai l'âme d'une réalisatrice, si tu savais combien de scénarios traversent mon esprit par jour. Des scénarios en tout genre, des histoires d'amour, des histoires dramatiques..... Enfin, bref, c'est un véritable plateau de tournage dans ma tête, j'en rigole, mais penser en permanence et ne pas mettre son cerveau en stand-bye, c'est parfois lourd et éprouvant.

Je suis sûre qu'à cet instant, tu te dis, « mais pourquoi se pose t-elle autant de questions ? »

Je te dirais que c'est mon passé qui m'a forgé... Il nous façonne un peu comme une sculpture. Le passé se lit sur un visage, sur la peau, il laisse des traces, des empreintes, des failles, des cicatrices, des imperfections.

J'ai mis du temps à en parler à une psychologue de ce passé. Je crois que moi aussi j'ai eu une période de déni, une certaine honte ou même la peur de m'ouvrir, de me livrer et pourtant j'adore parler. Si je pouvais, je passerais mon temps chez la thérapeute, il est tellement agréable de parler face à quelqu'un qui ne nous jugera pas, quelqu'un de neutre finalement.

Suivre une thérapie, m'asseoir une fois par mois pour parler, me vider, extérioriser, ce n'est pas une honte pour moi. Je suis fière d'avoir fait ce pas, d'avoir franchi ce cap, c'est un véritable besoin aujourd'hui. J'investis du temps sur moi et pour moi !

Pendant beaucoup d'années, j'ai tout gardé pour moi. Je n'extériorisais pas, et c'est bien là, le problème. Le poids des traumatismes, des non-dits finissent toujours par ressortir un jour. Quand on arrive enfin à se libérer c'est souvent violent. J'en sais quelque chose.

J'ai des années et des années de silence à exprimer, en vérité plus de 20 ans et c'est long vingt ans en paroles non exprimées, en larmes, en colère, en timidité, en humiliations. C'est quasiment un quart de vie.

Mais aujourd'hui je dis stop ! Il est hors de question que je passe encore deux décennies à souffrir, à pleurer, à m'éloigner, à me cacher, à ne pas assumer, à baisser le regard.

Si j'ai entrepris cette thérapie depuis plus d'un an maintenant, c'est pour le relever ce regard, marcher sans me retourner, me redresser, pour enfin, prendre conscience de ma valeur et celle de mon travail. C'est tout simplement pour vivre la vie que je mérite et surtout ne plus avoir peur du jugement d'autrui.

Au moment où j'écris cet ouvrage, où je te parle de moi et m'apprête à te révéler une certaine partie de mon intimité, je suis à un tournant de ma vie et pas des moindres. J'ai traversé beaucoup d'épreuves, des événements qui te marquent à jamais. Je vis probablement la période la plus compliquée de mon existence, à l'heure où je te parle, je suis en pleine dépression.

Et si j'évoque ça de façon aussi libre, c'est que j'ai trop longtemps cherché à poser des mots sur mon état, sur cette maladie qui fait peur de l'intérieur, comme de l'extérieur. Cette pathologie effraie, on associe les dépressifs à une « personne en larmes sur son canapé, qui ne fait rien, qui ne parle pas, qui veut être seule, qui n'a la force de rien » sauf que c'est bien plus compliqué que ça. Je n'en ai pas parlé plutôt car très honnêtement, je n'avais pas envie que les gens aient cette image de moi. J'ai eu honte de ça, je préfère être honnête. Je n'ai absolument rien contre les personnes qui sont dans le même cas, au contraire, je suis quelqu'un d'hyper empathique. Mais c'est jamais très agréable ni valorisant d'avouer qu'on est dépressive. Cependant, faire semblant d'aller bien, de sourire dans certaines occasions, c'est très contraignant dans mon domaine d'activité car on s'expose tous les jours.

Ce qui est paradoxale, dans toute cette histoire et d'ailleurs ça va te paraître bizarre, c'est que quelque part j'y trouve du positif et oui ! Et là tu vas me dire, non mais Emilie, tu es contente d'être dépressive ?

Attends que je t'explique avant de tirer des conclusions trop hâtives! Bien-sûr que non, je ne suis pas heureuse d'être comme ça, mais malheureusement, c'est une pathologie qui ne prévient pas, qui te tombe dessus après des épreuves difficiles, après une accumulation de stress, de fatigue mentale.

Aujourd'hui, j'ai presque 30 ans et pour moi c'est un cap. J'ai vécu, vu et entendu des choses qui m'ont choquées, heurtées, blessées. Je suis devenue cette fille qui est blasée par tout ce qu'on entend à la télé. Plus rien ne me surprend venant de l'être humain, ça va te paraître bizarre mais c'est la vérité. Les faits divers ne me choquent plus....

On dit souvent que ce sont souvent les personnes qui ont vécu le plus de choses, qui ont le plus les pieds sur terre et je crois que je fais partie de cette catégorie là. Je crois que plus une personne affronte des choses dans sa vie, aussi bien positives que négatives, plus son ressenti est objectif et sans doute constructif pour les autres. Je pense que les personnes qui ont le plus souffert ont une capacité d'écoute, de bienveillance, de compréhension supérieure aux autres.

Demande à quelqu'un qui n'a rien vécu de très grave de t'écouter, d'être là pour toi dans les moments difficiles et tu verras que ces personnes ne sont pas réellement en capacité de t'aider. Les épreuves forgent, le vécu fait grandir, en parlant avec ma thérapeute, j'ai pris conscience d'avoir mûri plus rapidement que les autres sans doute. Alors on pourrait croire que c'est positif mais malheureusement pas tant que ça. Je constate qu'un fossé s'est creusé entre certaines personnes de ma génération et moi.

Je pense être capable d'entendre certaines choses ou de parler de sujets que des personnes de ma génération ne comprendront pas. J'ai le corps d'une femme de 30 ans, l'état d'esprit d'une femme de 40-50 ans quand il s'agit de principes, de valeurs. Mais mes vieux démons me ramènent parfois à la petite fille que j'étais quand je fais des crises d'angoisse par exemple ou bien quand je me retrouve face à un obstacle ou à mes propres phobies. Je vous accorde que c'est compliqué, mais je peux vous assurer que celle qui en souffre le plus, c'est moi. Je ne vis pas avec insouciance et légèreté comme les autres femmes de mon âge, je ne croque pas la vie à pleines dents et pourtant c'est mon rêve ! Mais c'est pour parvenir à mes fins que je me suis mise en condition durant cette année qui est en quelque sorte une période d'échauffement, de découverte, de défis....

Si mon me demandait, quel est mon plus grand rêve aujourd'hui ?

Je répondrais toute simplement, être heureuse, être en paix avec moi-même...

8 ans ! Le début des réflexions

Moi je dis souvent que mon insouciance s'est arrêtée quand j'avais huit ans car à vrai dire c'est là que tout a commencé, ce fut pour ainsi dire le début du cauchemar.

Avant cette période, j'étais une petite fille enjouée, gaie, je chantais, je dansais, j'étais un vrai petit clown, avec des yeux malicieux, j'étais pleine de vie. Il paraît même que j'avais un caractère bien trempé. Je ne me laissais pas faire, j'étais vraiment une petite fille bien dans ses baskets.

J'ai grandi dans une famille pleine d'amour, avec une grand-mère maternelle bienveillante, au petit soin, avec laquelle j'étais fusionnelle. Je suis l'aînée de ma fratrie enfin ça c'est ce que j'ai cru jusqu'à mes 24 ans mais j'y reviendrai plus tard, je te préviens c'est gratiné !

Je pense que c'est mieux si on commence par le début,

parce que l'épisode du « frère », il arrive bien plus tard. De mes 8 ans jusqu'à l'âge de mes 18 ans j'ai subi du harcèlement scolaire.

Tu sais quand j'entends les nombreuses histoires de tous ces enfants qui se font harcelés, rackettés, qui subissent du cyber-harcèlement, ça me révolte ! Ça me touche parce que le harcèlement fera toujours partie de moi et il a fait de moi celle que je suis aujourd'hui.

Je suis cette femme hyper-sensible, introvertie, timide, parfois mal à l'aise, qui se sent de trop par moment, qui n'ose pas, qui n'ose plus tout simplement. Je suis également cette jeune femme qui a été harcelée sur son lieu de travail pendant un job d'été. J'ai aussi beaucoup de mal à regarder les gens dans les yeux dans certains contextes, c'est comme si inconsciemment j'étais restée bloquée à la position de « victime ». Pendant longtemps, cet éloignement, cette solitude a été ma zone de confort, mais depuis quelques années, cette dernière est devenue très inconfortable. Néanmoins, je le prends de façon positive, car d'une certaine façon, c'est une manière de me dire, que ce qui ne me satisfait plus ou ne me correspond plus va me permettre d'entreprendre des changements dans ma vie. Ce travail sur moi va également me motiver à poursuivre ma quête, celle qui me mènera vers la vie que je désire réellement.

Vous savez le plus dur dans le harcèlement, enfin pour ma part, c'est d'accepter le fait de ne pas avoir eu la force de bouger, de m'exprimer, de ne pas avoir rétorqué au bon moment, de ne pas m'être défendue au bon moment. Mais en même temps je n'avais que 8 ans quand ça a commencé.

Quand j'y réfléchis, on ne m'a jamais appris à me défendre, on m'a appris à avoir des valeurs, à être polie, respectueuse, bosseuse, bienveillante, empathique mais à me défendre, jamais ! C'est sans doute, ce que je regrette le plus dans mon enfance, sinon je n'ai jamais manqué de quoique ce soit et surtout pas d'amour, j'ai eu des parents bienveillants et aimants. Ce sont vraiment de belles personnes, mais je te parlerai d'eux tout au long de mon histoire. Sans rentrer dans les détails, je sais que si j'ai réussi à traverser certaines épreuves et si aujourd'hui, je suis encore là, c'est grâce à eux et à ma détermination aussi sans doute. Pendant longtemps, j'ai pensé que je n'étais pas assez forte, et pourtant je n'ai jamais abandonné, ça aura duré 10 ans.

Cette capacité à rétorquer, à répondre du tac o tac, je ne l'ai jamais eue, ça ne venait pas quand on m'attaquait, quand on me piquait à vif ! Je dis souvent que certains mots sont pires que les coups, ils vous hantent à jamais.

Si je devais retenir le positif dans toute cette histoire car aussi choquant que cela puisse paraître, oui il y a du positif dans les épreuves et dans celle-ci en particulier. Je mesure le fait que grâce à ça, je suis devenue une femme avec certes des faiblesses, une vulnérabilité et une certaine fragilité mais j'ai dû apprendre à mûrir plus vite, à grandir plus vite. Je crois qu'inconsciemment, mon côté empathique, j'ai commencé à le développer à cet âge là, le besoin d'être compatissante, d'être gentille. Je ne voulais pas être comme ceux qui m'avaient fait du mal ni même reproduire le schéma dans lequel j'étais tombée. Encore aujourd'hui, à l'âge adulte, l'injustice, la moquerie sont vraiment pour moi des signes de faiblesse. C'est comme si quelque part, la méchanceté était une forme de facilité, on essaye même pas de s'intéresser à ce qu'il se passe autour de nous ni de comprendre ce qui conditionne un être humain.

Et même en dehors de ça, quand tu es petit(e), tu penses plus à t'amuser, à rigoler, avec tes copines qu'à comprendre pourquoi, on se moque de toi, pourquoi, on n'ose pas t'approcher, pourquoi on te met de côté.

Même si je considère que tout part de l'éducation, je pense que le milieu scolaire a tendance à ne pas prêter attention au bien-être des élèves et à leur intégration. Par exemple, on ne commence à faire de la philosophie qu'en terminale, et moi qui détestais ça, je pense néanmoins, que certaines notions seraient sans doute utiles pour apprendre à vivre en communauté et s'accepter les uns, les autres.

J'ai l'impression que dès notre enfance, on vit avec cette idée de compétition, je te rassure, ce n'est vraiment pas ce que j'ai appris dans l'éducation que j'ai reçue au sein de mon foyer. Mes parents m'ont toujours dit de faire du mieux que je pouvais sans chercher à vouloir dépasser les autres. Ni ma sœur, ni moi, ne sommes rentrées dans cet esprit de compétition pour écraser les autres.

Comme la plupart des enfants, j'ai gardé ça pour moi au début, je n'ai rien dit à mes parents. Mais nos parents nous connaissent bien, ma mère a fini par s'en apercevoir toute seule. J'étais tellement gaie comme un pinson en temps normal, je chantais et dansais tout le temps. Quand tout ça a commencé, je suis devenue muette comme une carpe, j'étais éteinte et je m'énervais pour rien quand je rentrais de l'école. C'est précisément là que ma mère a senti que quelque chose clochait. Elle est rentrée en contact avec le corps enseignant, mais elle s'est retrouvée face à des adultes qui étaient plutôt indifférents. Bien-sûr, ils lui ont dit qu'ils allaient agir. La vérité c'est que l'encadrement scolaire se montre dépassé par ce genre de problème.

Ils essaient toujours de se dédouaner, de se donner bonne

conscience en laissant entendre aux parents qu'ils vont surveiller tout ça.

Ma mère avait remarqué que je m'en prenais à ma petite sœur également, que je me défoulais sur elle d'une certaine façon. Bien entendu le problème ne venait pas d'elle, je me suis toujours bien entendue avec ma sœur, je n'avais rien à lui reprocher.

J'en faisais voir de toutes les couleurs à ma grand-mère, je ne l'écoutais pas, je m'énervais. À cette période, le harcèlement n'a pas eu de conséquence sur mes résultats scolaires, certains enfants ont tendance à décrocher quand ils vivent ce genre d'épreuve. En écoutant les différents faits divers en lien avec ça, j'ai remarqué que c'est souvent le cas. Les enfants décrochent scolairement, s'isolent, se renferment.

Et je crois que malheureusement, si je me suis faite harcelée également, c'est aussi parce que je ne suis jamais rentrée dans une case et qu'inconsciemment je n'étais pas faite pour ça. Et pourtant j'ai essayé d'être comme les autres en grandissant, de m'habiller comme les autres, de penser comme les autres, de me comporter comme les autres. Cependant, quelque chose en moi ne voulait pas de tout ça, ça n'était pas naturel et ça se voyait. Comme quoi, il ne faut jamais chercher à être quelqu'un d'autre et surtout il ne faut jamais forcer les choses. C'est un concept qu'on a encore du mal à appliquer dans la société d'aujourd'hui, il faut toujours respecter un modèle, un cadre. Et je ne sais pas toi mais moi je l'ai toujours trouvé « oppressant », « étouffant » ce moule dans lequel nous devons toutes et tous rentrer.

Je ne veux pas rentrer dans une case !

Aujourd'hui, quand je regarde et écoute les personnes de ma génération, je m'aperçois que je suis vraiment « différente ». J'ai horreur de ce mot car on a tendance à l'associer à quelque chose de négatif. Alors qu'au final, plus on grandit, plus on se rend compte, que c'est normal d'être différent, c'est même normal d'avoir un passé, une histoire qui nous est propre. Certaines personnes avec lesquelles je discute disent que si nous étions tous semblables, le monde serait bien triste et plat, c'est pure vérité.

Je ne sais pas pourquoi le mot « différence » est devenu avec le temps, quelque chose qu'on rejette, qu'on évite et qui nous effraie. Je pars du principe que je ne suis pas différente, j'ai juste un vécu qui est divergent de celui de mon voisin, de ma voisine. Je ne dis pas non plus que je suis mieux ni que je suis moins bien. Je suis juste moi, avec mes bagages, mon histoire, mes points faibles, mes points forts, ma façon de penser, d'être, de parler et je n'ai jamais adhéré au fait de rentrer dans une case, de faire comme les autres. Et pourtant j'ai essayé, je me suis forcée à être comme tous les autres étant plus jeune, mais le naturel revenait au galop, comme si mon être s'y refusait totalement. Comme si on me disait que le mimétisme, les conformisme n'étaient pas pour moi.

J'ai toujours été admirative des gens qui s'assument et qui assument leurs choix de vie, de ces gens qui ont du charisme, une personnalité, de ces personnes qui ne suivent pas les autres aveuglément, qui n'ont pas ce sentiment de de devoir imiter les autres pour avoir bonne réputation.

Nous n'avons pas à vivre selon l'avis de ceux qui nous entourent, nous n'avons pas à nous plier en quatre pour vivre une vie qui n'est pas la nôtre, pour faire semblant d'être quelqu'un qui n'existe pas, juste pour rentrer dans le rang. Jouer un rôle, c'est éprouvant moralement, ne pas exprimer ses envies, ses besoins, c'est dur au quotidien. Je pense qu'être soi, c'est vraiment ce qui demande le plus de courage aujourd'hui, et ce qui mérite le plus de respect. On a peur d'être rejeté pour ce que l'on aime, pour ce que l'on est, pour notre vie, pour notre caractère, notre look, notre sexualité..... Tout est prétexte à se faire rejeter aujourd'hui malheureusement.

Alors soi tu t'exclues toi-même en rentrant dans le rang, en te conformant à quelque chose qui ne te ressemble pas, soi tu te fais exclure par les autres car tu ne veux pas rentrer dans un moule de façon consciente et volontaire. Alors même si c'est douloureux, pour être totalement transparente, j'opte pour la deuxième option, et j'espère bien me dire un jour que j'ai eu raison de poursuivre mon chemin et pas celui imposé par la société.

À chaque époque, sa mentalité, sa mode, ses idées, ses clichés. Je crois que la mienne de génération est victime de ce que j'appellerais le « conformisme oppressant » qui est imposé par la société. Si tu ne fumes pas, si tu ne bois pas, oh mon dieu ! Mais tu es décalée, tu n'es pas normale, tu es ennuyante. Enfin bref, tu te prends des remarques régressives, qui ne sont pas fondées. Quand tu oses sortir du cadre, c'est déformé, interprété. On est vite stigmatisé et donc perçu comme « celle qui ne fait pas ceci, qui ne pense pas comme ça.... »

On s'acharne à te coller une étiquette et on ne fait même pas l'effort de te connaître, de voir au-delà des apparences, de te voir tel que tu es. Aujourd'hui, on s'arrête au physique, au paraître. C'est bien trop facile à mon sens !

Depuis quelques temps, j'ai pris conscience que je ne voulais pas être résumée à un « physique » . On a besoin d'être aimé pour soi, pas pour ce qu'on a ou pas. Je crois que c'est en ça que je me sens « différente » de ma génération. On vit dans l'urgence, on n'a plus envie de connaître les gens, de s'intéresser à eux, on s'arrête à une image.

Cependant, je ne pense pas qu'on maintient un couple ou une amitié sur du physique, on reste parce qu'on se sent bien avec une personne, parce que sa présence nous rassure. On s'investit dans une relation pour ce qu'elle nous procure comme sentiment, pour des moments de complicité, un état d'esprit, des valeurs. On dit toujours que la beauté est éphémère mais que les valeurs, le cœur, eux, restent intactes dans leurs intentions.

Comme tu le sais, je suis créatrice de contenu (influenceuse et blogueuse) et mes abonnés s'étonnent toujours du fait que je sois célibataire. Pour eux, c'est étrange et ça cache forcément quelque chose, il s'imagine que j'ai une personnalité complexe. Mais le fait est que j'ai du mal à faire confiance, j'ai parfois besoin d'être seule, de penser à moi. Et avec le temps, j'ai compris que tant que je ne serai pas remise de tout ce qui me ronge, ce sera compliqué pour moi d'avancer avec quelqu'un. Je m'aperçois que la solitude interroge toujours et qu'elle est très mal perçue. Pour la plupart des gens, si tu es seule, c'est forcément que quelque chose cloche. Combien de fois, on m'a dit Emilie « tu bois pas, tu fumes pas, tu es adorable, tu es belle..... Tu es la fille parfaite ! Mais pourquoi tu es toute seule ? » . Que voulez-vous répondre à tout ça ? On vit sans cesse avec un modèle pré-établi à l'esprit, une certaine règle de vie à suivre qui voudrait que l'on soit marié à tel âge, avec des enfants, un CDI, une grande maison.... Sauf que dans la vie, ça ne se passe pas toujours comme ça, et il ne faut pas jeter la pierre à ceux qui se détournent du « droit chemin ». Car il n'y a pas de route spécifique à suivre.

Ce qui me fâche presque également, c'est que pour certains, si tu es beau, tu es forcément en couple. Je trouve ça un peu facile, un peu réducteur. Si les personnes avec un physique attrayant étaient toutes en couple, ce serait injuste pour les personnes qui ont un physique « ordinaire ». La beauté est suggestive, je peux très bien plaire à une personne et déplaire à celle qui est à côté. Arrêtons de penser que les plus belles histoires s'écrivent par rapport à un physique, il y a aussi l'alchimie, le feeling, les points communs, qui rapprochent des personnes. Réduire quelqu'un à une apparence, c'est comme si tu lisais juste le résumé d'un livre sans lire le contenu, c'est comme ça qu'on peut réellement passer à coté de belles personnes.

Je pense que tout le monde mérite d'être connu, d'être

apprécié pour ses défauts, ses qualités, bien-sûr, il y a des affinités, des rencontres qui sont évidentes, je ne vais pas dire le contraire.

Néanmoins, les actes d'une personne en disent long, ça oui. Et tu sais ce qu'on dit « Rattache toi aux actes et non aux paroles. » On peut dire ce que l'on veut à une personne avec une intention particulière en tête, mais les actes, eux, parlent d'eux-mêmes.

Les gens malintentionnés se montrent toujours sous leur meilleur jour au début et croyez-moi je sais de quoi je parle.

Les gens toxiques, tu peux les rencontrer, les côtoyer dès le plus jeune âge d'où l'intérêt de revoir certains principes au niveau de l'éducation et de traiter le mal par la racine.

Rares sont les personnes de ma génération qui comprennent tout cela, cependant j'ai eu la chance d'en rencontrer sur les réseaux sociaux pour mon plus grand bonheur.

Les premiers traumatismes : Victime et Témoin

Ce phénomène de jugement, tu y es confronté très tôt dans la cour de récréation. C'est dès l'enfance que la compétition, la comparaison entrent en scène. Je ne sais pas ce que les parents disent à leurs enfants pour qu'ils en viennent à s'en prendre aux autres, parfois c'est aussi une question d'influence, de fréquentation. J'ai souvent entendu parler de ces enfants qui se laissent entraîner par d'autres élèves parce que « ça fait bien » de se moquer, de rabaisser pour frimer. Le harcèlement est parfois un phénomène de masse, et moi c'est ce qui m'est arrivé, ils étaient plusieurs. En dehors de cela, la responsabilité des parents est souvent à mettre en cause, et le laxisme du milieu scolaire par désuétude, par manque de moyen ou même par manque d'encadrement.

Quand j'étais en maternelle, je me rappelle de certains gestes, comme des flashs, ils seront ancrés en moi pour toujours. Et ils étaient déjà très significatifs pour moi. On a tendance à minimiser l'impact de certaines choses dès le plus jeune âge mais un enfant aussi jeune soit-il retient tout, absolument tout !

Je me rappelle qu'une fois, je voulais jouer avec des petits garçons de mon âge, et j'ai eu le réflexe de mettre mon bras sur l'épaule d'un camarade de classe et il avait repoussé mon geste, comme si ça le dégoûtait, comme s'il ne voulait pas que je le touche. Ce qui était pour moi, un simple réflexe amical, avait sans doute eu un sens différent pour lui. Ça semble peut-être ridicule, mais ça m'avait fait mal sur le moment. Mais le problème a réellement commencé quand j'étais en CE1.

Tout a commencé à partir du moment où je me suis mise à porter des lunettes. C'est fou comme un événement ordinaire peut bouleverser votre existence et tout remettre en cause. Les moqueries ont fait leur apparition petit à petit, les critiques du style « têtard à lunettes », « la binoclarde » etc.....C'est à partir de cette période que je me suis mise à baisser le regard, je n'osais plus regarder personne dans les yeux. Je voulais me faire discrète, me fondre dans la masse.

À cette époque, je n'avais qu'une copine qui est devenue ma meilleure amie par la suite. Nous l'appellerons Julie. Elle était comme moi, timide, réservée, discrète, gentille.... Et elle m'acceptait comme j'étais. C'était pour ainsi dire la seule à cette période. Je pense que l'esprit d'entraide, je l'ai développé à cette époque.

J'acceptais cette petite fille telle qu'elle était, on s'était bien trouvées toutes les deux, on ne se jugeait pas, on était là l'une pour l'autre. Cette copine m'a suivie jusqu'au collège et ensuite, nous avons été séparées après à son déménagement, par la suite la vie a fait que nous nous sommes perdues de vue.

En CE2, je me rappelle que j'avais une maîtresse méprisante, qui aimait martyriser les élèves, elle adorait faire pleurer les enfants. Dans mes souvenirs, je la vois encore rigoler lorsqu'un élève pleurait ou se mettait à avoir peur. Elle nous effrayait, c'était véritablement « un monstre ». Un jour, un élève s'est même fait dessus. Alors aujourd'hui quand je parle de tout ça à ma thérapeute, elle me dit « est ce que les autres parents ont signalé quelque chose ? », j'ai tendance à dire que je n'en ai aucune idée. Je n'ai gardé aucun contact avec les personnes qui étaient dans ma classe à cette époque, je ne voulais plus entendre parler de tout ça, de tout ce qui concernait le milieu scolaire.

De mon côté, je me souviens encore de ce jour, où je fus incapable d'effectuer un calcul mental juste parce qu'elle faisait pression sur moi. Je la revois encore, assise sur le bord de mon bureau, son regard noir sur moi. Je m'étais mise à pleurer, je n'arrivais plus à réagir, j'étais pétrifiée. Et je pense que c'est à partir de là que mes anxiétés généralisées ont vu le jour. Avant je n'avais pas autant peur des adultes, mes parents ne me disputaient jamais, ils n'ont jamais levé la main sur moi. J'ai eu la chance d'être dans un foyer où la violence et les punitions ne faisaient pas partie de l'éducation. Aujourd'hui, lorsque je suis amenée à me confronter à une personne plus âgée que moi dans le cadre d'une démarche ou même dans le domaine professionnel, j'appréhende toujours sa réaction, c'est très dur à vivre au quotidien. Chaque chose ou étape importante de la vie est une épreuve pour moi, j'ai du mal avec ce rapport de force qui me traumatise encore aujourd'hui à l'âge adulte.

J'en reviens à cette maîtresse de CE2, quand arriva le jour de la kermesse, elle jouait au rôle de la maîtresse modèle devant les parents, évidemment ! Je me rappelle du sourire qu'elle arborait devant les parents d'élève, je le sais car ma mère a filmé la kermesse en question. Bizarrement, elle était toute souriante....

Je me rappelle même de son nom, mais je ne le dirai pas pour les raisons que tu comprendras. Je me demande comment on peut s'en prendre à des élèves de cette façon, et comment ce genre de personne peut rentrer dans l'éducation nationale. Comme je te l'ai dit, je ne sais même pas ce qu'est devenue cette femme ni si des élèves ont porté plainte contre elle.

J'ai mis du temps à dire à ma mère ce qui s'était passé durant cette année scolaire, et le plus horrible et inacceptable, tiens-toi bien ! Elle mordait les élèves ! Et oui ! Tu as bien compris, elle les mordait et quelques fois, elle les pinçait également. À l'époque, j'avais un meilleur ami, nous l'appellerons Julien, cette prof s'en était pris à lui, et comme par hasard, ses résultats scolaires avaient brusquement chuté.

On a tendance à parler beaucoup du harcèlement scolaire entre les élèves mais peu de celui que les professeurs infligent à leurs élèves. Et pourtant ça existe hélas. Heureusement, elle ne s'en était pas prise à moi physiquement. Aujourd'hui, même si je voulais tout dénoncer ou porter plainte, il y aurait prescription et malheureusement je n'ai aucune preuve matérielle seulement mes traumatismes.

Suite à ça, j'ai changé d'école. Quand je suis arrivée dans ce nouvel établissement pour le CM1, j'ai été confrontée au harcèlement des autres enfants mais également d'une professeur qui ne m'appréciait pas du tout, j'ignore encore à ce jour pourquoi.

Un jour mes parents sont allés la voir. Devant eux, elle jouait la maîtresse compréhensive, gentille et le lendemain de cette entrevue, elle s'était amusée à m'humilier devant les autres enfants. Elle disait que j'étais incapable de me défendre toute seule face aux enfants et à ses propres attaques. Elle n'avait pas apprécié l'intervention de mes parents. Peut-être qu'elle se sentait menacée, vas savoir !

Comme quoi, on croit toujours que les adultes seront de notre côté, qu'ils défendront les enfants victimes, malheureusement des fois, on découvre que c'est tout le contraire. Cette même année, j'ai eu une remplaçante, elle n'était pas mieux ! D'ailleurs, je me rappelle que je n'étais pas la seule à en avoir peur, les autres élèves l'avaient surnommée « la sorcière ». Elle avait des cheveux noirs, raides, le visage très pâle, elle ne souriait jamais et étaient très sévères. Comme tu peux le voir, j'ai enchaîné les cas.

Heureusement, en CM2, la prof que j'avais m'impressionnait mais elle m'appréciait beaucoup car j'étais plutôt bonne élève. Malheureusement pour moi, quand tu es bonne élève, tu as tendance à te faire détester un peu plus par les autres élèves. Tu suscites de la jalousie niveau résultats, et même au niveau de l'attention que te porte la maîtresse. J'avais de très bonnes notes et ça c'était inacceptable pour mes camarades de classe. Tu passes pour la « chouchoute » « la préférée ».

Quand tu y réfléchis avec ton cerveau d'adulte, tu te dis, qu'il faudrait limite s'excuser d'avoir des superbes notes, c'est quand même malheureux ! Je travaillais pour avoir des résultats, je les méritais ces compliments, ces appréciations, ces encouragements, où était le mal ? Quoi que l'on dise, quoi que l'on fasse, peu importe ton comportement, tes résultats, les gens trouveront toujours de quoi redire, et ça j'ai mis des années à le comprendre.

Entre Amour et Indifférence

Pendant cette période, ma seule source de bonheur, ma bouffée d'air frais, c'était ma famille. Le soutien et l'amour inconsidéré de mes parents, ma grand-mère et de ma petite sœur m'ont été d'une aide précieuse. D'ailleurs j'avais une grand-mère maternelle qui croyait énormément en moi et en mes capacités. Je me souviens qu'elle était toujours au petit soin, elle m'adorait, me faisait ce que j'aimais manger. Elle me câlinait, elle m'achetait ce que j'aimais, elle m'a appris beaucoup de choses. Je ne me lassais pas de l'écouter parler de sa jeunesse, on parlait d'histoire ensemble, elle était aimante, captivante. Pour moi c'était vraiment une grande dame. Le midi, j'avais le plaisir de trouver une bonne table garnie avec un petit plat, une bonne odeur qui embaumait dans toute la maison. L'amour que j'avais avec elle, je ne l'avais pas hélas avec ma grand-mère paternelle !

Je lui inspirais seulement de l'indifférence, je n'étais pas dans ses petits papiers, mais que veux-tu, c'est la vie ! Et puis très franchement, ça ne m'a jamais réellement manqué, car j'avais tout l'amour nécessaire auprès de mon autre grand-mère. Quand la mère de mon père est décédée en 2018, je n'ai rien ressenti, c'est peut-être incompréhensible pour toi mais je n'ai rien éprouvé, ni peine, ni tristesse, ni manque. Comme quoi, les liens du sang sont parfois insignifiants et ne veulent rien dire.

Je me rends compte que je ne connaissais pas ma grand-mère mais que cela m'importait peu. Elle n'avait pas été utile à mon développement et elle n'aurait aucun impact direct sur ma vie.

J'ai toujours considéré que je n'avais qu'une seule grand-mère, dans mon esprit et mon cœur, ce fut toujours le cas.

L'entrée au collège

Quand j'ai fait mon entrée au collège, tout est devenu encore plus dur, surtout au niveau du harcèlement. Quand on entre dans la pré-adolescence, on prend conscience de certaines choses, le corps change, l'état d'esprit aussi. J'étais véritablement mal dans ma peau, je ne me trouvais pas jolie, je ne suivais pas la mode. C'est vraiment à cette époque que j'ai développé des complexes physiques. Mon physique, c'est ce à quoi s'attaquaient les autres enfants à l'école, quand ce n'était pas ça, c'était mon look vestimentaire ou ma façon de parler, de m'exprimer. J'étais vraiment passée au crible, tout devenait un prétexte pour me faire du mal.

Je me rappelle avoir eu le béguin pour un garçon de ma classe à l'époque, et moi, timide, mal à l'aise, je ne lui ai pas dit, mais j'aimais bien m'asseoir à côté de lui. Que veux-tu quand on est gamine, on ose pas vraiment dévoiler ses sentiments, c'est parfois difficile à l'âge adulte, alors étant plus jeune, je te laisse imaginer. Bref ! Je me rappelle qu'une camarade de classe n'avait rien trouvé de mieux que d'aller le répéter au garçon en question, je me sentais tellement gênée, d'autant plus qu'il était amoureux d'une autre.

J'étais une ado complexée et c'est loin d'être évident à vivre, surtout quand tu vois d'autres filles à l'aise dans leur corps, et à l'aise avec les autres. Niveau amitié, j'ai fait les mauvais choix, je m'entourais de copines qui tantôt étaient gentilles et qui ensuite faisaient preuve d'intérêt et de méchanceté. Elles retournaient leur veste, c'est comme ça que je le percevais. On me faisait tourner en bourrique. Moi ce que je voulais, c'était ne pas être seule, alors je préférais subir. C'est idiot, je le sais maintenant, mais à l'époque, si tu restais toute seule, ça suscitait des interrogations, de la curiosité malsaine et encore plus de moqueries.

J'allais chaque jour à l'école avec des maux de ventre terribles, j'avais peur des autres enfants. On se moquait de moi en cours, dans le bus, dans la cour de récréation. On m'humiliait, on m'appelait « Emilie la moche », on me montrait du doigt, on rigolait sur mon passage et c'est pour cette raison que je rasais les murs le regard baissé. En classe, les autres élèves ne voulaient pas s'asseoir à côté de moi, on disait que j'avais une maladie. Je me rappelle même d'un cours d'Arts Plastiques ou le professeur a voulu qu'un élève s'assoit à côté de moi, mais ce dernier ne voulait pas, il disait « non elle est malade, je ne veux pas m'approcher d'elle ». Quand on est mal dans sa peau, ça n'arrange rien que les autres cherchent à vous éviter et à vous inventer une vie que vous n'avez pas.

Quand nous faisions des équipes pour le cours de sport, j'étais la dernière à être choisie et je suis sûre que ce cas de figure parlera à certaines personnes et même peut-être à toi. Et je sentais bien que l'équipe dans laquelle j'étais intégrée n'était pas franchement heureuse de m'accueillir, bien que je n'étais pas douée pour des sports comme le foot, le rugby etc. Je ne méritais pas ce comportement de la part des autres élèves. Tout ça, ça fait mal, on a le sentiment d'être un poids, un boulet qu'on se traîne. Je détestais ce moment, car je savais que parfois je suscitais de la pitié, et il n'y a rien de pire que ça.

Quand je rentrais chez moi, je pleurais, je me demandais ce qui n'allait pas chez moi, je me sentais seule. Qu'elle était la raison qui poussait les autres enfants à se comporter comme ça avec moi ? C'est là que j'ai commencé à m'en vouloir, à m'excuser d'exister par moment, m'excuser pour tout, pour rien. Je me sentais comme une m...... appelons un chat, un chat ! S'ils savaient tous, à quel point ils m'ont fait du mal avec toutes leurs remarques et leurs piques quotidiennes. Et en même temps, qu'est ce que cela aurait changé, ils étaient pleinement conscients de ce qu'ils faisaient ou disaient.

J'avais besoin que ma mère me rassure à la veille de chaque jour d'école, chaque soir, j'avais peur de la journée du lendemain, de ce qu'on allait bien pouvoir me dire. Je ne savais pas à quelle sauce j'allais être mangée. J'angoissais énormément, chaque rentrée scolaire était un véritable enfer.

Quand je regarde la femme que je suis devenue, et l'adolescente que j'étais, j'ai fait des progrès, mais je garde néanmoins des traumatismes de cette période.

Les paroles, les rires, les regards, les jugements, tout était inscrit en moi au feutre indélébile. Je me rappelle d'une scène dans le CDI de mon collège, un jour, je me suis assise à une table, et deux garçons de ma classe se sont dirigés vers moi. L'un des deux garçons a dit à son copain, « viens on s'assoit là » en parlant de la table où j'étais installée et le deuxième garçon rétorqua « ben, non attends je tiens à ma réputation, je vais pas m'asseoir à côté d'elle ».

J'étais la bonne élève, timide, renfermée, la fille à côté de laquelle, il ne fallait surtout pas s'asseoir, qu'il ne fallait pas côtoyer, qui ne s'habillait pas comme les autres. Un jour, trop coquette, moquée pour ça, le lendemain, habillée tout en noir, moquée pour ça, chaque prétexte était bon. Quand je rentrais dans le grand couloir du collège, je baissais la tête et je ne traînais pas, je marchais vite, je voulais éviter tout regard malveillant. J'attendais la fin des cours avec impatience et cette sonnerie qui annoncerait le départ de l'école. Je me mettais à revivre quand je rentrais chez moi.

Je me remettais à parler, à être pipelette et évidemment, j'attendais les week-ends avec impatience, car je savais que pendant deux jours, j'allais pouvoir penser à autre chose et souffler.

Heureusement, j'avais trouvé refuge dans la danse. La danse est très vite devenue une échappatoire, une manière de m'exprimer, de briller, d'exister. J'ai développé une réelle passion pour ce sport. Et je pense que c'est ce qui m'a permis de tenir pendant ces dix ans. J'étais à l'aise, comme dans une bulle de consolation, celle qui me faisait oublier le quotidien, celui d'une enfant introvertie, triste, qui se sentait seule et qui retrouvait le sourire sur le parquet de danse. J'avais l'impression d'être acceptée pour qui j'étais enfin ! Je n'étais pas rejetée, la professeur me prenait en exemple, j'avais enfin le sentiment d'être enfin reconnue et ça me faisait un bien fou.

À la fin du collège, j'ai traversé une épreuve que la plupart des enfants rencontrent, le divorce de mes parents. Le quotidien n'était pas très gai, je voyais très peu mon père au début de la séparation, j'ai vraiment eu du mal à digérer cet épisode que je regarde autrement aujourd'hui. Nous nous sommes retrouvées à trois dans la maison, rien que des filles. Il n'y avait plus cette figure paternelle, plus ce repère masculin.

J'ai mis quelques mois à me rendre compte que ça me manquait. J'ai fini par renouer le contact avec mon papa et à réinstaller ce lien de base très fusionnel. Mes parents ont eu l'intelligence de finir par trouver un terrain d'entente pour notre bien-être à ma sœur et moi. Avoir des parents qui se déchirent suite à une séparation, c'est jamais évident. Ma grand-mère paternelle n'était pas vraiment notre alliée dans cette histoire. Nous n'avions jamais été proches, elle n'appréciait pas non plus ma mère et quand la séparation a eu lieu, elle a voulu mettre son grain de sel, pour semer davantage la zizanie entre mes parents. Elle a voulu obtenir un droit de visite pour ma sœur et moi, sauf qu'elle n'avait jamais suscité un quelconque intérêt pour nous, dans le fond elle voulait juste embêter un peu plus ma mère. Aux yeux de la justice, j'avais le droit de refuser d'aller la voir. J'avais 13 ans et cela correspondait à la majorité judiciaire, mais ma sœur n'était pas assez grande pour décider d'elle-même et il était hors de question pour moi que cette femme force ma petite sœur à quoique ce soit.

Heureusement, je me rappelle qu'un jour, mon père m'a dit qu'il ne nous forcerait jamais à faire quelque chose qui nous déplairait. Il savait à quel point sa mère était « particulière ». Très honnêtement, j'ai apprécié que mon père essaie de me rassurer, car de toute façon, je n'aurais pas laisser ma sœur y aller toute seule.

Ce fut une période très dure moralement, moi j'étais très mal, je me renfermais, quand à ma sœur, c'était intérieur, elle se plaignait de maux de ventre récurrents. Certains parents ont tendance à minimiser l'impact qu'une séparation peut avoir sur l'équilibre de leurs enfants. Ne plus voir son père autant qu'auparavant, c'est compliqué, observer des tensions dans les conversations au début de la séparation, c'est dur à gérer quand tu es adolescente. Et en plus quand ta grand-mère se sert de toi et de ta sœur pour faire empirer les choses, c'est éprouvant. On dit toujours que les enfants doivent être préservés des affaires d'adultes, là, c'était tout l'inverse. Pendant une dizaine d'années, ma sœur et moi nous n'avons pas eu de contact avec ma famille paternelle et très honnêtement, ça ne m'a pas manqué. Nous avons fini par y retourner au bout de dix ans et très franchement nous l'avons fait uniquement pour notre père.

Nous savions que c'était important pour lui, même s'il savait pertinemment que sa mère ne nous portait pas spécialement dans son cœur. Ma grand-mère et mon grand-père avaient des problèmes de santé, ils étaient déjà âgés, lui avait fait deux infarctus, il était diabétique et avait même fait un accident vasculaire cérébrale. Je crois que dans le fond, je ne lui en voulais pas tellement à lui, bien qu'inconsciemment, j'aurais préféré qu'il nous défende un peu plus face à cette grand-mère. Mais il avait la personnalité d'un taiseux, il était très pudique. Je crois même qu'il ne m'a jamais dit « je t'aime », tout comme elle, dans leur éducation, ça ne se faisait pas. Quand j'étais petite, je savais qu'elle avait plus d'affection pour ma cousine et mon cousin, je m'en suis rendue compte à la façon dont elle s'adressait à elle, à tout ce dont, ils avaient le droit. Ma sœur et moi, nous passions vraiment au second plan. Je me rappelle même d'un jour, où, elle fit un cadeau à ma cousine devant moi sans forcément d'occasion spéciale. Les compliments, les attentions, il n'y en avait que pour eux.

Ma grand-mère paternelle suscitait en moi plus de la honte que de l'amour, elle criait beaucoup, elle n'avait presque jamais un mot gentil, elle était lunatique envers moi, ma sœur et ma mère. Ce n'était pas vraiment l'idée que je me faisais d'une grand-mère mais alors vraiment pas : J'en ai pris mon partie avec le temps. Je me rappelle que cette femme « aigrie », montrait souvent son impatience quand nous venions lui rendre visite le week-end, à peine étions-nous arrivés, qu'elle n'avait qu'une hâte, que nous repartions.

Le Lycée : entre rejet et discrimination

La pire période de ma vie, ce fut le lycée. Je changeais d'établissement, de ville, je venais de déménager. C'était une période très compliquée pour moi, mes parents venaient de se séparer quelques temps avant, j'avais perdu un de mes piliers avec le décès de ma grand-mère. J' intégrais un nouvel établissement, j'étais l'une des seules nouvelles car les autres élèves se connaissaient déjà, et ça ce n'est jamais facile. J'étais rentrée sur dossier dans un lycée privé avec un enseignement assez stricte ! Les élèves qui étaient dans cet établissement appartenaient plutôt à un milieu aisé, des filles et fils de !

Je n'étais pas issue de ce milieu mais cependant j'avais des résultats assez bons et ma mère voulait que ses filles aient le meilleur des encadrements scolaires. Je n'ai pas honte de le dire, j'ai bénéficié d'une bourse pour pouvoir poursuivre ma scolarité dans cet établissement. Dans ce lycée, le paraître, le statut social comptaient pour se faire accepter par les autres élèves. C'est malheureux, mais c'est un phénomène que l'on peut observer encore aujourd'hui et de plus en plus.

Et moi j'avais tendance à croire que si on ne m'acceptait pas, c'était dû à mon statut social. Je n'ai jamais porté de vêtements de marque, ni de sacs de marque. La seule chose matérielle un peu tendance que j'avais à mon entrée au lycée, c'était mon sac « eatspak ». J'en rigole mais c'est vrai. J'étais la fille « passe-partout » timide, qui essayait d'être transparente pour ne pas attirer l'attention. Dieu sait que j'aurais tellement voulu que l'on me remarque pour de bonnes raisons. Je voulais obtenir de la reconnaissance et l'attention de ceux qui me méprisaient, qui se moquaient ou faisaient des messes-basses devant moi.

Quand je suis rentrée en seconde, je suis devenue le souffre douleur d'une bande de garçons de mon âge. C'était l'époque où le phénomène des « populaires » était encore en effervescence et d'ailleurs c'est toujours le cas d'après ce que j'ai cru comprendre.

Moi aussi je voulais rentrer dans le groupe des filles les plus belles et plus appréciées du lycée. Je me sentais nulle à côté d'elles, je n'arrêtais pas de me comparer à ces dernières. Je n'étais pas à l'aise face aux garçons, je baissais le regard, je me sentais nulle, moche, insignifiante, sans intérêt. Les autres filles en imposaient, elles avaient du charisme, elles étaient tout ce que moi, je n'étais pas et rêvais d'être. J'avais l'impression d'être inexistante, d'être transparente et en contradiction avec tout ça, c'était vraiment ce que je recherchais par moment, ne pas me faire remarquer, pour échapper aux moqueries.

Quand tu as 15, 16 ans, tu rentres dans une période où tu veux plaire, tu commences à t'intéresser aux garçons, tu as envie d'être jolie et moi, on me disait que je ne l'étais pas. Je pense très honnêtement qu'à cette époque, j'étais persuadée que je ne l'étais pas, je ne voyais que mes défauts, je n'attachais pas autant d'importance à la jeune femme que j'étais, c'est-à-dire gentille, bosseuse, sérieuse, sans doute trop. Rien de tout cela ne prenait le dessus dans mon esprit, pour eux comme pour moi, je n'étais pas jolie point barre.

Je passais pour la fille « coincée », qui n'était pas issue d'un milieu privilégié et les autres ne percevaient que ça et uniquement ça. C'est assez réducteur comme état d'esprit, mais c'est en accord avec des personnes qui ne vivent que dans le paraître. C'est à celui ou celle qui aura le dernier portable tendance, la dernière robe tendance. Le paraître, le matérialisme étaient pris en compte. Quant au côté humain, la personne, son état d'esprit, c'était bien trop compliqué à à prendre en considération pour eux. Bien-sûr sans oublier la réputation, ce sont des gens qui ne vivaient qu'en fonction de ça. S'afficher avec une fille comme moi, quelle honte pour eux, m'adresser la parole, mon dieu !

Alors je les évitais le plus que possible....

Quand j'arrivais au lycée, j'avais le réflexe de contourner les groupes ou les bandes de jeunes et je baissais le regard. J'avais peur de les affronter. Je me rappelle d'une scène en seconde, où je mangeais seule à une table. Un peu plus loin, à une autre table, il y avait d'autres élèves qui m'observaient et j'entendais les moqueries hanter leurs conversations. Dans ces moments là, on se sent très seule, mal à l'aise. Même si on leur tourne le dos, on sent les regards sur nous, comme si on était une « bête de foire ». C'est dans ces moments que le sentiment d'être nulle, incapable se ressentent le plus.

À chaque remarque, humiliation, j'étais incapable de rétorquer, de me défendre, mon corps était là mais mon esprit était ailleurs. Si je devais symboliser ces scènes d'un point de vue générale, c'est comme si d'un seul coup on rentrait dans un mutisme passager qui nous empêche de nous exprimer. C'est une sensation très désagréable tu t'en doute, on est pris de panique. Si l'on arrive à aligner trois mots, ce sont des bégaiements, on dit les premiers mots qui nous viennent à l'esprit et les harceleurs ont toujours le dessus malheureusement.

L'une des pires scènes que j'ai vécues, c'était en terminale. Il y en a eu plein mais celle-ci est sans doute celle qui m'a le plus choquée. J'étais en permanence et j'étais assise à quelques tables d'un élève qui ne m'appréciait pas du tout. Il était en train de parler avec un camarade avec lequel je m'entendais plutôt bien. J'entendais absolument tout ce qu'ils se disaient pour mon malheur. Le premier a dit au second « Emilie tu l'aimes bien ? ». Mon camarade de classe lui a répondu « Oui elle est sympa » et celui qui ne m'aimait pas lui a dit « Ben moi, je l'aime pas, parce qu'elle est moche ! ». Ça laisse sans voix, ce genre de pensées et de mentalité.

Si tu savais, le mal que ça fait d'entendre cette phrase. J'étais réduite à un physique, rien que ça. À ce niveau, la fille que j'étais ne rentrait pas en compte dans son jugement.

Je me souviens de chaque détail de cette scène. Lorsque je suis sortie de l'heure de permanence, je me suis sentie tellement mal, ridicule et seule. J'ai ressenti le besoin d'en parler à certains camarades de ma classe, mais pour la plupart, j'exagérais, j'en faisais trop..... Ils s'en foutaient, ça ne les concernait pas.

Moi qui pensais qu'à 18 ans, on était plus ou moins mature, j'avais tout faux sur toute la ligne. Ce garçon ne m'appréciait pas car je ne correspondais pas à ses critères de beauté. À cette période, je me sentais tellement mal dans ma peau physiquement et ses paroles n'arrangeaient absolument rien. Il renforçait ce manque d'estime de soi.

Aujourd'hui, un peu plus de dix ans après, j'ai pris conscience que s'il avait sorti ce genre d'idiotie, c'était pour frimer.

Aujourd'hui, il m'arrive encore de croiser ceux qui m'ont fait du mal, dans la rue, à la salle de sport. Justement, j'ai croisé le garçon qui avait fait cette réflexion sur Bordeaux. À une certaine époque, il était conseiller financier dans ma ville natale, j'ai eu plusieurs fois l'occasion de le croiser pour mon malheur. Je me demande parfois si ces mêmes personnes se souviennent du mal qu'elles m'ont infligées, de ces paroles blessantes, indélébiles qui sont encore dans ma mémoire. Encore aujourd'hui tous ces mots, ces regards me hantent et m'empêchent de vivre pleinement. Si vous saviez à quel point, ces personnes m'ont inspirées du dégoût sur le moment. Aujourd'hui, ce travail sur moi, c'est ma revanche, mon challenge personnel, j'essaie de me convaincre que je n'ai plus rien à prouver à ces personnes qui m'ont harcelée. Dans mes périodes de Bad Mood, la blessure se ré-ouvre pour laisser place aux pleurs, aux questionnements sur mon avenir, j'ai du mal à me projeter. C'est ça qui me tourmente le plus aujourd'hui malgré tout le travail que je fais sur moi.

Je me rends compte que certaines des personnes avec qui j'étais au lycée ou à la fac continuent de regarder mon contenu sur les réseaux, alors que nous n'avons jamais eu vraiment d'affinité, est ce par curiosité malsaine ? Je sais que ces personnes ne s'engageront pas, ne commenteront pas mes posts, elles sont juste là pour observer et savoir ce que je suis devenue !

Cette année, je vais avoir 30 ans et ce qui me fait le plus peur, c'est d'avoir perdu tant de temps à cause de ces personnes, de les laisser prendre le contrôle de ma vie même des années après. J'ai existé pendant très longtemps à travers le regard des autres. Je n'ai jamais eu la sensation de vivre, de vivre pour moi, je survivais à travers les autres nuance !

Tout ça a eu pour conséquence que je me suis éloignée des gens, je n'ai gardé aucun contact avec les personnes de mon lycée, aujourd'hui, je n'ai qu'une amie. Le seul véritable ami garçon que j'ai eu en primaire, m'a lâché également car il avait été embêté à cause de ça, juste parce qu'il était ami avec moi.

Comme quoi les qu'en dira-t-on peuvent gâcher des relations, des amitiés. On a tellement envie d'échapper à tout ça quand on est jeune. Avec le recul, je ne lui en veux pas, à cette époque je ne comprenais, pas mais peut-être que je me serais aussi poser des questions à sa place. L'amitié fille/ garçon est souvent sujet d'interrogation malheureusement alors que c'est bel et bien possible contrairement à ce que l'on pourrait croire. Quand j'y pense encore aujourd'hui, les gens ont le don de vouloir tout déformer, d'extrapoler.

Je pense que l'on est dans une société qui s'attache à détruire ce qui est de base « beau », « normal ». J'ai beaucoup de mal avec les gens qui cherchent la petite bête, moi qui travaille sur les réseaux, tu sais quand un commentaire est constructif et a pour but de te faire évoluer dans le bon sens du terme, et puis quand un commentaire est là pour te blesser gratuitement.

La faculté : entre Libération et Burn-out

Quand j'ai quitté le lycée, je n'avais qu'un espoir, que tout ça se termine, que tout ça prenne fin ! Et heureusement, quand je suis rentrée à l'université, tout s'est calmé. Mais il faut avouer que le cadre est différent, l'établissement est plus grand, on ne vient que pour quelques heures, on est plus indépendant, on est sensé être avec des personnes qui ont le même centre d'intérêt que nous donc d'un certain côté ça rassemble, ça resserre les liens.

Pendant les années de fac, je n'avais plus affaire à ce genre de problème, pendant cinq ans, je me suis plongée dans le travail, je me suis coupée de toute vie sociale. Je n'ai pas réussi à concilier ma vie de jeune femme et ma vie d'étudiante. C'est l'un de mes plus grands regrets et encore aujourd'hui, j'en paye les conséquences.

Je mangeais histoire, je vivais histoire, je dormais histoire. J'étais devenue un véritable « zombie ». Comme je le disais précédemment, le plus clair de mon temps, je le passais en quatre murs, ceux de ma chambre, et ceux de ma salle de cours. Je ne côtoyais pas les terrasses de café comme les autres jeunes, je ne faisais pas de pause. Le week-end, je commençais à bosser dès 7 ou 8 heures le matin et je finissais parfois à 22 h ou 23 h. Je n'avais pas la vie d'une jeune femme de mon âge. Je m'étais convaincue que seule mes études comptaient, et que si je voulais des résultats, je devais bosser et bosser dur.

La seule petite pause de décompression, c'était la danse. Ces quelques heures d'évasion étaient vraiment une bouffée d'oxygène pour moi. Ce qui me faisait tenir, c'était le soutien de ma mère, de ma sœur et la danse comme à l'époque de mon harcèlement.

Et à la fin de mes cinq années d'études, je suis tombée dans l'inévitable, un burn-out. J'ai eu le déclic quand ma petite sœur est rentrée à la fac en section théâtre.

J'étais fatiguée de tout ça, dégoûtée, paumée, je ne savais

plus si j'avais suivies ces études par véritable passion ou pour faire plaisir à mon entourage, bien-sûr j'aimais ça mais peut-être pas au point d'en faire mon métier.

Les derniers mois du master ont été très éprouvants, les trajets aller-retour tous les jours entre Arcachon et Bordeaux, les dissertations et tout le reste en rentrant chez moi, la pression pour réussir mes études et ce sentiment de solitude perpétuelle résumaient mon existence. Quand j'y repense, quelle tristesse ! Je ne prenais plus de plaisir à apprendre, à aller en cours.

Je disais donc que j'ai eu ce fameux déclic quand je voyais ma sœur faire des études qui avait l'air de la stimuler davantage. Elle poursuivait un cursus qui me semblait plus attractif, plus captivant. Moi je faisais des dissertations, des compositions, j'en étais dégoûtée.

À la fin, j'étais partagée entre ce sentiment de fierté car j'avais trouvé la force néanmoins de mener mes études à leur terme et de décrocher une mention bien pour mon master. Mais j'avais cette sensation « amère » d'avoir suivi des études qui ne me plaisaient plus et dans lesquelles je ne me voyais pas évoluer. Je n'arrivais tout simplement pas à me projeter dans ce métier jusqu'à l'âge de la retraite.

Ce burn-out m'a permis de prendre conscience que mon avenir ne serait pas derrière un bureau, dans des archives ou dans des séminaires. Quand je suis sortie de ces 5 ans de faculté, je me suis sentie littéralement perdue, je ne savais plus qui j'étais, ce que je voulais réellement, ce que j'aimais. Je voulais littéralement tourner la page, je ne me sentais plus à ma place. Suite à ça, j'ai fait des petits jobs d'été.

Donc finalement le Burn-out bien que douloureux et perturbant te remet sur le droit chemin en te posant les vraies et bonnes questions : Quelles sont mes envies ? Qu'est ce qui me fait vibrer dans la vie ? Quelles sont mes compétences, mes capacités ? Tu te remets en question et ça c'est bénéfique.

Aujourd'hui quand je regarde mon chemin de vie, je prends

conscience que chaque épreuve que j'ai vécues m'ont données des leçons, par exemple le harcèlement, m'a fait prendre conscience que le regard des autres a peu d'importance quand on se sent bien dans ses baskets. J'en ai pris conscience mais je t'avoue que j'ai parfois du mal à passer outre. Si je pouvais symboliser ça, ce serait un peu comme si je portais un manteau hyper lourd et que je n'avais qu'une hâte m'en débarrasser, je me débats, me débats, mais je n'arrive pas à l'enlever, il me colle encore à la peau. Le jour où j'arriverais à l'enlever, ce sera un grand soulagement et je me sentirai plus légère. Il m'a aussi appris que je n'ai aucune méchanceté en moi et que je serai toujours du bon côté de la barrière même si j'en ai souffert, car oui le fait d'être trop gentille peut faire souffrir.

Le Burn-out m'a fait comprendre que la vie professionnelle/étudiante doit s'équilibrer avec la vie personnelle et que la réussite n'est pas le fruit d'un travail acharné et obsessionnel mais d'un état d'esprit sain et équilibré. À cette époque de ma vie, je me noyais littéralement dans le stress. Il y a une citation qui dit que tant que nous ne comprenons pas quelque chose, la vie continuera de nous envoyer des épreuves jusqu'à temps que l'on comprenne.

Et d'ailleurs, la vie m'a envoyé une autre épreuve suite à mon burn-out, et pas des moindres, si j'avais pu me douter que l'été 2018 serait vraiment compliqué...

Le harcèlement dans le monde du travail

Je me rappelle de mon premier job d'été en sortant de la fac, je travaillais en grande surface et je commençais le matin à cinq heures, physiquement c'était très compliqué. Je m'occupais de remplir les rayons tous les matins. Je me souviens que je déplaçais des palettes bien trop lourdes pour moi. Quand tu n'as pas une force physique énorme, c'est difficile de déplacer une charge aussi lourde dans un établissement qui n'était pas fonctionnel pour ce genre de pratique. Le patron avait tendance à faciliter le travail des employés masculins, avec des palettes de produits d'hygiène (sopalins, papier toilette....), tandis que nous les employées femmes, nous nous occupions des palettes de conserve, de bouteilles, en résumé ce qui était le plus lourd. Tu l'auras compris, il y avait du favoritisme et du sexisme.

Je me rappelle que ma sœur travaillait également avec moi dans l'établissement. Le patron nous mettait la pression à toutes les deux. Elle, qui était à la caisse du magasin, avait eu le malheur de se tromper une fois, de faire une erreur. Elle n'était formée que depuis peu de temps et une des caissières l'avait humiliée devant la clientèle. Je ne me sentais pas à l'aise dans ce job, j'y allais la peur au ventre, et comme pour moi, le bien-être prime dans le monde du travail. Nous sommes donc allées voir le gérant et nous avons convenu d'un licenciement à l'amiable. Autant vous dire que je garde un très mauvais souvenir de ce patron, de cette expérience dans la vente en grande surface. Si je fais un parallèle avec mon traumatisme d'enfance, j'ai toujours eu du mal avec les personnes qui veulent prendre l'ascendant sur vous. Je ne parle pas de hiérarchie, je parle de ces personnes qui abusent de leur position pour vous humilier. Ce sentiment s'est à nouveau confirmé un an plus tard avec une nouvelle expérience dans la vente.

C'est durant un second job d'été que le harcèlement moral m'a rattrapé. Le calvaire a duré quatre mois. Je travaillais dans une très célèbre enseigne de boulangerie. J'avais été prise en grippe par mon patron et l'une de mes collègues dont je tairai le nom. Je partais au travail avec des maux de ventre terribles, la seule chose qui me consolait était la bienveillance des clients envers moi, qui faisaient preuve de sérieux dans mon travail, d'amabilité. Je me rappelle même des compliments d'un habitué envers moi. Il me félicitait pour mon sourire et ma gentillesse, me disant que cette qualité me mènerait très loin. J'avais également l'appui de certains de mes collègues qui savaient ce qui se passait avec le gérant.

Ce patron avait une mauvaise réputation auprès de ses employés. J'avais eu vent, de ce qui s'était passé avant mon arrivée dans l'établissement, une des employées en était presque venue aux mains avec lui. Il mettait la pression, se sentait obligé d'humilier ses employés par moment. Dès mon entrée, j'ai du apprendre pas mal de références et des formules par cœur. Ce patron avait compris qu'il avait face à lui une jeune femme qui n'avait pas confiance en elle, qui ferait tout pour s'intégrer à l'équipe, qui paniquait vite, il m'avait cernée. Je me rappelle du deuxième soir où je suis rentrée en pleurs chez moi. J'appréhendais à l'idée de l'affronter à nouveau, de me reprendre de nouvelles remarques. Il m'avait même menacée de ne pas m'embaucher si je n'apprenais pas rapidement ces fameuses formules. Le moins que l'on puisse dire c'est que certains patrons savent toujours comment vous mettre la pression et vous dégoûter de votre entrée dans la vie active. À côté de ça, j'allais également être confrontée à une collègue avec un fort tempérament, qui ne m'appréciait pas non plus. Elle aussi avait pris conscience qu'elle pourrait faire de moi ce qu'elle voudrait comme je ne disais rien. Je me rappelle même que cette personne avait conscience de sa réputation et le pire c'est qu'elle appréciait ce côté sadique de sa personnalité, elle disait même « j'adore qu'on ait peur de moi ! ». Je ne comprends pas les gens qui ont conscience de leur mauvaise réputation et qui en joue pour écraser les autres.

Vous savez, on dit souvent que les gens s'en prennent toujours aux plus faibles, qu'ils savent à qui ils peuvent faire telle ou telle remarque. J'étais le genre de fille qu'on cernait très rapidement, j'étais trop gentille. Cette gentillesse extrême était mon handicap à moi, ma jambe boiteuse. Dans mon cas, c'était plus un défaut qu'une qualité. J'étais vraiment un « livre ouvert », les gens sentaient mon malaise, connaissaient d'avance mon tempérament et en abusaient.

Cette gentillesse m'avait fait défaut pendant tant d'années. Avec tous ces événements, le harcèlement, le burn-out, la séparation de mes parents, j'ai développé une hyper-sensibilité, de la phobie sociale, une anxiété généralisée. Je me suis mise à avoir peur de tout et de tout le monde. Je m'enfonçais petit à petit dans un puits sans font. Chaque mauvaises expériences et rencontres me marquaient et restaient gravées dans ma mémoire.

La moindre petite démarche ou des choses qui peuvent paraître banales pour certains comme le permis de conduire étaient juste horribles pour moi. Le fait de me retrouver à côté d'un inspecteur me faisait perdre tous mes moyens et commettre des fautes éliminatoires le jour de l'examen.

La moindre petite réflexion me vexait facilement, me renfermait un peu plus, me mettait mal à l'aise. J'ai rarement rencontré des gens qui me comprenaient et ne jouaient pas sur ce mal-être. J'ai eu souvent le sentiment de vivre avec une étiquette sur le front avec les mots « hypersensible » « peureuse ». Je n'avais pas à parler, tout dans mon comportement en disait long sur moi.

Différente parce que toujours seule, différente parce que timide, différente parce que mal dans ma peau, différente parce que très peu d'ami, différente parce que bûcheuse, différente parce qu'introvertie, différente parce qu'hypersensible, différente parce que je n'avais pas mon permis au même âge que les autres. D'ailleurs à l'heure où je te parle, je ne l'ai toujours pas et pourtant je sais conduire, j'en ai fait des heures et des heures de conduite aussi bien sur une boîte automatique que sur une manuelle. Le pire c'est que j'adorais ça, mais les moniteurs avaient réussi une fois de plus à me dégoûter de tout ça !

La vérité c'est que les auto-écoles que j'ai fréquentées

étaient plus des tiroirs-caisses, il n'y avait aucune pédagogie. Je me rappelle même que la deuxième fois où j'ai passé l'examen, la veille, j'avais une heure de cours, avec une monitrice très froide. Je me rappelle de toutes ces remarques vexantes durant le cours, me disant que c'était vraiment « mal barrée » pour que je décroche le fameux sésame. Elle savait que j'allais me planter et pourtant elle m'a laissé aller à l'examen. Quel professionnalisme ! Par contre, quand il s'agissait d'être à jour dans le paiement des heures de conduite, là, bizarrement, mes deux moniteurs étaient vraiment pressés de recevoir le versement. J'avais dépensé plus de 2000 euros dans le permis pour au final me sentir plus nulle et avoir encore moins confiance en moi.

Du coup, suite à la deuxième tentative, j'ai laissé tomber et je ne voulais plus entendre parler de tout ça. Aujourd'hui, cela fait partie de mes phobies et je te le dis sans honte, alors certes c'est contraignant, mais pourquoi devrais-je me cacher et ne pas assumer. Tu sais, vivre avec cette idée de retard, de différence en tête tous les jours , c'est moralement compliqué, on a parfois peur de passer que quelqu'un de « bête », de « ridicule ».

Je ne te le souhaite pas, se dire qu'on est incapable, et même encore aujourd'hui, malgré les années, se dire qu'on y arrivera peut-être pas, qu'ils avaient sans doute, tous raison, c'est une douleur sans fin que j'essaie de calmer avec des petits gestes de gentillesse et d'amour propre envers moi.

J'essaie de me dire que toutes ces choses que je ne sais pas faire, ou n'aie pas encore à mon âge, ne me qualifient pas, et ne font pas de moi, une personne mauvaise, une personne qui n'a pas le droit au bonheur, qui n'a pas le droit d'avoir une vie sociale épanouie, entourée d'amis compréhensifs, patients et complaisants. Oui, je sais que j'en ai le droit, car rien de tout ça n'est effrayant, rien de tout ça n'est grave, ce sont juste des particularités et encore, je n'aime pas bien ce mot, qui voudrait dire que je suis « particulière », dans le mauvais sens du terme. Non, je suis juste, moi, Emilie, une jeune femme comme toutes les autres, qui demande juste à ce qu'on ne la regarde pas comme un extra-terrestre, qui veut juste être heureuse ! Ce serait légitime non?!

Alors certes, je n'ai pas ce que les filles et garçons de mon âge ont décroché avec succès pour la plupart. Je ne m'en sentais plus capables et aujourd'hui très honnêtement c'est encore compliqué malgré une certaine rage de vaincre tout cela.

J'étais la fille qui paraissait mystérieuse, qui faisait peur, que l'on avait pas envie d'approcher, avec laquelle on avait pas envie de sympathiser. J'avais tellement peur des autres, que je les évitais, et cela passait pour de la prétention. Un jour durant une conversation avec ma tante, je pris conscience que de l'extérieur je passais pour une fille « superficielle » alors que je souffrais de cette distance avec les autres.

Je n'avais jamais vraiment réussi à nouer des liens d'amitié sains et durables comme la plupart des gens de mon âge. La quasi totalité de mes cousines avaient su garder des copains de collège, de lycée jusqu'à l'âge adulte. Moi je ne connaissais pas ce genre de chose, comme si inconsciemment, je ne voulais pas maintenir ce lien qui me rappelait trop de mauvais souvenirs, il y avait aussi le fait que toutes les personnes que j'ai connues à l'époque n'étaient pas de sincères amitiés. Je m'étais rattachée à des camarades, comme on se rattache à une bouée de secours, sans doute pour me masquer cette vérité, celle d'une fille qui n'arrivait pas à entretenir un vrai lien durable avec les autres élèves. J'ai toujours eu du mal avec le côté social, on ne me côtoyait que par intérêt et pas par véritable envie.

La goutte d'eau qui a fait déborder le vase

L'année de mes 24 ans, j'ai découvert que j'avais un demi-frère. Durant sa jeunesse, mon père avait eu une histoire de quelques mois avec une jeune femme de son âge. Cette dernière est tombée enceinte suite à ça et est repartie dans sa région natale. Il ignorait l'existence de cet enfant ou du moins avait des doutes sur sa paternité, lesquels étaient confirmés par ma famille paternelle. Je me rappelle encore du soir où j'ai appris le retour de cet homme sorti de nul part.

Cette nouvelle je l'ai prise comme un « coup de massue », une décharge électrique. Je me posais des tas de question sur cet inconnu avec lequel j'avais pourtant 50 % de mon ADN en commun. On pense souvent que ce genre d'événements n'arrive que dans les films, ou que ça n'arrive qu'aux autres et bien la preuve que non !

Je me suis fait tous les scénarios possibles et inimaginables dans ma tête. Qui était cette personne ? Que voulait-il ? Que cherchait-il ? Était-ce un imposteur ? Peu de temps avant, mon père avait touché un petit héritage. Je m'imaginais même le plus invraisemblable. Pourquoi cet enfant avait attendu autant de temps avant de se déclarer, de faire signe, d'apparaître dans nos vies et de tout chambouler par la même occasion. Ma sœur et moi, nous étions partagées entre le sentiment de curiosité, celui de découvrir ce frère et une certaine méfiance quant à ses intentions.

J'éprouvais également aussi une certaine jalousie, il faut se l'avouer. J'avais peur que ce fils prenne plus d'importance dans l'esprit de mon père, que ma sœur et moi. J'avais peur qu'il se désintéresse de nous, ses filles, de celles qu'il connaissait depuis leur naissance, de celles qu'il avait élevées pendant les premières années de leur vie.

J'assume le fait d'avoir pensé qu'il s'éloignerait de nous pour donner plus d'importance à ce fils qu'il n'avait pas vu naître. Je pensais que l'envie de rattraper le temps perdu avec cet inconnu prendrait plus d'importance à ses yeux.

J'étais à mille lieux d'imaginer que ma naïveté allait une fois de plus m'entraîner sur un terrain glissant et malsain mettant à mal ma santé mentale.

J'entamais un nouveau chapitre de ma vie, sans doute le plus décevant de mon existence jusqu'à présent. Je pensais trouver un allié, et malheureusement ce fut tout le contraire. Je mis un peu plus d'un an à le comprendre et à me sortir de cette situation grâce à l'aide de ma mère et de ma sœur qui m'ont permis d'ouvrir les yeux sur la véritable nature de ce frère.

Au début, j'angoissais à l'idée de le rencontrer. C'est pas le genre de rencontre à laquelle tu penses tous les jours. Je me demandais ce que j'allais bien pouvoir lui dire. Et puis nous avons décidé de partir à sa rencontre avec mes parents et ma petite sœur. Toutes les deux, nous avions vu à quel point cette rencontre comptait pour notre père. C'était véritablement le voyage le plus important de sa vie. Je me rappelle encore de ce jour comme si c'était hier, nous marchions vers l'inconnu. Je ne savais pas s'il serait aussi intimidé que moi, comment il réagirait à notre contact...

Nous sommes arrivés à l'aéroport et tout est allé très vite. J'ai vu un homme seul au loin et j'ai tout de suite compris que c'était lui. Je ne savais pratiquement rien à part qu'il était marié, qu'il avait deux enfants. J'avais juste vu une photo de lui sur les réseaux. Il en savait plus sur moi que moi sur lui. Quand nous apprenions à nous connaître par textos, j'ai très vite trouvé qu'il était un peu intrusif dans ses questions. Je comprenais son envie de me connaître mais certains de ses comportements étaient un peu indiscrets voire culottés.

J'en reviens à cette première rencontre physique. À peine, étions nous arrivés à l'aéroport que mon père se précipita vers lui pour le prendre dans ses bras, comme s'ils s'étaient quitté la veille, c'était vraiment étrange. Mon père est plutôt quelqu'un de réservé, de pudique, et ce jour-là, il laissait aller ses émotions et son cœur de père se mettait à nu. Ma sœur et moi nous avons attendu 5 minutes avant d'aller à la rencontre de notre frère. Le premier échange fut timide, réservé, limite gêné, ce qui ne m'étonnait guère. Nous avons immortaliser cette rencontre avec une photo. Moi qui suis plutôt timide de nature, cette fois-ci je fis tout pour le mettre à l'aise, car pour une fois, le plus timide de nous deux, ce n'était pas moi.

Ce premier jour, il avait à cœur de nous montrer sa vie, et tout ce que nous avions raté avec des photos, nous avons feuilleté des albums pendant au moins deux heures. Il évoquait des souvenirs et nous, nous l'écoutions avec attention. Le lendemain, nous avons décidé d'aller en Allemagne pour faire plus ample connaissance et ainsi découvrir sa culture. Et dès ce jour-là, son comportement avait déjà quelque peu changé. Il semblait plus à l'aise. Je me rappelle qu'à un moment, ma sœur et moi, nous marchions un peu plus loin devant toutes les deux et tout d'un coup, il est arrivé et nous a pris le bras un peu brusquement comme s'il voulait passer à la vitesse supérieure, comme si nous nous étions toujours connus alors qu'il aurait été plus normal d'y aller progressivement. Mais à cette époque là, je n'avais pas conscience de tout ça, je n'ai pas vraiment donné d'importance à ce geste quelque peu maladroit.

Je me rappelle que ce jour-là, il a voulu nous en mettre plein la vue, comme si nous étions inculte, comme s'il voulait nous impressionner et endosser un masque. Rien n'était vraiment naturel, il forçait les choses. Il en faisait beaucoup trop, je crois que tout était fait pour nous faire rêver, et nous vendre l'image du « grand-frère idéal ».

Hélas sur le moment, je n'avais pas conscience de tout ça. À cette époque, je le voyais comme un frère qui voulait rattraper le temps perdu avec ses deux petites sœurs, qu'il voulait vraiment faire partie de nos vies. Il avait réussi à me convaincre de ses bonnes intentions et moi j'y ai cru, j'étais aveuglée par mon cœur de petite sœur. Je voyais mon père heureux, conquis par ce fils qu'il découvrait petit à petit. Nous y avons tous cru pendant un certain temps.

Notre sommes restés 4 jours et plus les jours passaient et plus nous étions à l'aise. Nous nous étions rapprochés, quelques accolades, des rires, des câlins, moi qui suis tactile et démonstrative, cela ne me dérangeait absolument pas. Et inconsciemment, je crois même que pour moi c'était miraculeux de trouver un grand-frère qui semblait vouloir me connaître, qui semblait m'apprécier. C'était la première fois qu'on s'intéressait à moi de cette façon avec bienveillance et simplicité.

Je reconnais qu'à cette période, je recherchais toujours cette reconnaissance, cet amour, cette présence masculine dont j'avais manquée dès mon adolescence. La veille de notre retour, nous avons passé la soirée ensemble à rire, à évoquer des souvenirs. Je me rappelle que ma mère était également conquise et très heureuse que ses filles ait un grand-frère aussi bienveillant et gentil. Les au revoir ont été très compliqués. L'émotion avait pris le dessus. Tout le monde pleurait ce soir là. Ce que j'ignorais c'est que l'image que j'avais de mon frère, gentil, attentionné, bienveillant allait disparaître pour toujours et ne referait jamais surface. Le rêve aura seulement duré 4 jours.

Sous Emprise, Aveuglée !

Quand nous sommes revenus chez nous, nous avons décidé de garder le contact, nous nous appelions tous les jours, nous échangions des messages. Là où j'aurais du avoir des soupçons, c'était dans l'insistance qu'il mettait à vouloir se mettre en avant, à vouloir se vanter comme s'il cherchait à se rassurer et à nous mettre en confiance par la suite. Je suis la première à être tombée dans le panneau malheureusement. J'étais tombée littéralement sous son emprise, incapable de lui refuser quoi que ce soit, j'attendais ses coups de fil, je passais parfois une heure au téléphone avec lui. À ce moment, j'en avais besoin, ça me faisait du bien de parler avec quelqu'un qui me montrait de l'affection et un quelconque intérêt.

Aujourd'hui, je me rends compte à quel point tout ça n'avait pas de sens. Avec le recul, je me souviens de ma première impression quand j'ai appris son existence, quelque chose en moi ne présageait rien de bon et je crois qu'avec le recul j'aurais du suivre mon instinct. Au bout de quelques mois, la relation avec ce frère a commencé à se dégrader, nous sommes allés trop vite, moi sans doute, trop accrochée à ce frère que je connaissais à peine finalement et lui s'efforçant de jouer un rôle qui n'avait rien à voir avec sa vraie nature et voulant sans cesse précipiter les choses.

Nous sommes retournés le voir en février de l'année suivante. Le séjour a duré une semaine et pendant ce voyage son comportement avait littéralement changé. Je me rappelle de certaines de ses moqueries sur ma sœur, mon père et moi-même. Lui qui disait vouloir connaître son père biologique, ses racines et nous, ses sœurs, il n'avait plus le comportement d'un homme qui avait ce besoin là. Je ne comprenais pas cette métamorphose et ce retournement de situation. Je me rappelle aussi de deux ou trois gestes déplacés envers moi, de certaines conversations très intrusives. C'était vraiment une semaine sous tension, j'aurais du me douter que cette histoire finirait mal. J'avais mis du temps à me rendre compte que cette relation avec mon frère devenait malsaine. Il s'était servie de moi pour rendre sa femme jalouse, et moi j'étais l'objet de ce jeu vicieux, inconsciemment, j'étais en train de servir ses intérêts. Dès le début de notre rencontre, je m'étais prise d'amitié pour sa femme, j'étais contente d'avoir une belle-sœur. Ce dont je n'avais pas conscience c'est qu'il avait tout calculé et son but était de nous éloigner l'une de l'autre, en créant un conflit entre nous.

Aujourd'hui, je sais qu'inconsciemment, mon frère a voulu nous faire payer à ma sœur et à moi, le manque de notre père, de ce peu de reconnaissance. Il a attendu que nous soyons rentrés de notre séjour pour me dire qu'il n'aurait pas fallu que notre voyage dure plus d'une semaine, comme si notre présence le dérangerait. Comment peut-on dire ça à sa petite sœur ? Finalement, c'était tout dans l'apparence.... Le plus incompréhensible, c'est qu'il avait tout fait pour que nous soyons bien durant notre séjour, donc pourquoi ce changement de comportement ? Pourquoi avait-il retourné sa veste aussi subitement ?

Quand il avait des gestes un peu déplacés envers moi, j'avais exactement la même réaction que pendant ces années de harcèlement, j'étais incapable de réagir, de repousser ces gestes, je crois que je ne réalisais pas ce qui était en train de se passer. Ma relation avec sa femme pour laquelle je m'étais prise d'amitié s'était dégradée en raison de tout cela, il me prêtait de l'attention, me faisait beaucoup de compliment alors qu'il ne lui en faisait pas du tout. J'étais dépassée par ce frère qui avait un comportement mystérieux et pourtant ma sœur et ma mère ont tenté de m'alerter à bien des occasions.

Hélas, je ne voulais rien entendre, j'étais tellement accrochée à lui, je n'ai pas voulu voir la vérité en face, il m'a fallu plus d'un an pour m'apercevoir du stratagème imaginé par ce frère qui avait soif de vengeance. Là où j'ai commencé à ouvrir les yeux de façon concrète, ce fut quand il décida de nous faire une surprise en s'invitant chez nous en vacances sans même demander la permission de venir.

Pendant ce séjour, le frère que j'avais connu durant notre première rencontre n'avait vraiment plus rien à voir avec l'homme que j'avais face à moi. Il faisait preuve d'impolitesse, de remarques désobligeantes sur notre éducation, notre façon de vivre, il ne respectait rien, continuait de se moquer de mon père qui lui avait ouvert grands les bras. Durant son séjour chez nous, je trouvais que son comportement allait parfois trop loin, j'avais une sensation bizarre, comme si je commençais à ouvrir les yeux.

Ma sœur a toujours eu plus de caractère que moi, et n'hésitait pas à le remettre à sa place quand elle trouvait qu'il allait trop loin, comme ce jour, où il lui demanda de lui apporter le petit-déjeuner au lit comme si elle devait le servir. Il se croyait tout permis, il faisait preuve d'un culot monstre, alors qu'il n'était pas chez lui. Et ma sœur, ce phénomène, a répondu d'un ton sarcastique, « S'il y a quelqu'un qui doit servir le petit-déjeuner à l'autre, c'est toi. »

J'ai ressenti de la culpabilité envers ma sœur, suite à cette période, je m'étais éloignée d'elle pour me rapprocher de ce frère, je l'avais délaissée. Ce que je redoutais de la part de mon père, je l'avais moi-même commis envers ma sœur.

Le jour de son départ, il endossa un dernier rôle, celui du frère triste à l'idée de quitter ses sœurs et son père. Il ne disait rien, il voulait faire son intéressant. Alors qu'inconsciemment, ce qu'il avait vu pendant son séjour, faisait qu'il nous détestait un peu plus.

C'est la dernière fois que j'ai vu mon frère physiquement. Et je ne saurais pas vous dire pourquoi, mais j'ai ressenti une sorte de soulagement lorsqu'il est parti ce jour-là.

Le vrai visage de mon frère

C'est une conversation sur les réseaux sociaux qui allaient tout remettre en cause et enfin me permettre d'ouvrir les yeux. À partir de là, rien ne serait plus comme avant. À peine était-il rentré chez lui, qu'il critiqua ouvertement son séjour chez nous sur les réseaux. Comme s'il avait attendu de ne plus être face à nous pour faire tomber le masque. J'étais vexée de ce comportement, impoli, indélicat, culotté, sans gêne, son comportement me faisait littéralement vomir. Pendant ces quelques jours, nous étions au petit soin et pourtant, il trouvait de quoi critiquer, de quoi redire.

Il tenta néanmoins de maintenir la communication mais il sentit que le contact et la confiance étaient rompus. Il avait brisé le lien que nous avions instauré. Durant les deux ou trois mois qui ont suivi, nos échanges étaient devenus très froids, ils essayaient de garder l'emprise qu'il avait sur moi mais il n'en était plus rien et je me montrais plus sèche, plus distante. Ce semblant de complicité était en fait du vent pour lui et à mes yeux, tout ceci n'avait plus de valeur, alors je répondais moins, je m'éloignais petit à petit. Un jour, j'ai regardé un documentaire à la télé sur les troubles du comportement et sur la maladie du « pervers narcissique », c' était la première fois que j'entendais parler de cette pathologie.

En écoutant attentivement les témoignages des victimes, qui avaient côtoyé ce genre de personne, je commençais à me réveiller et à prendre conscience de tout ça. Dieu merci, je me suis sortie de cette emprise et de cette dépendance affective. Aujourd'hui, je m'en veux d'avoir fait confiance, d'avoir été aussi naïve sur les intentions de cet homme malgré les mises en garde récurrentes de ma mère et de ma sœur. Il faut savoir que lorsque l'on est sous l'emprise de quelqu'un, on a beau nous parler, nous alerter, nous mettre en garde, nous sommes aveuglés. Nous sommes dans une forme de déni, personnellement, j'ai toujours eu du mal à voir le côté sombre d'une personne, c'est mon côté naïf. C'est sur le long terme que l'on se rend compte de la perversité d'une personne. On pense peut-être qu'à notre contact, l'individu va changer, qu'il n'est pas réellement comme ça.... On lui donne une chance, puis deux, puis trois, mais il arrive un moment où l'on prend conscience que côtoyer ce genre de personne est néfaste pour notre santé mentale, ce sont des êtres toxiques qu'il vaut mieux éviter.

Suite à l'émission que j'avais regardée, tout se mettait enfin à bouger dans mon esprit, j'avais eu le fameux déclic, et tout coïncidait enfin. Il faut savoir que le pervers narcissique est vraiment quelqu'un de très intelligent, de calculateur, qui a une stratégie toute rodée. La première phase de son plan, c'est la mise en confiance, la séduction de manière à installer des bases saines. Et une fois que cette relation de confiance est mise en place, il fait de vous ce qu'il veut, vous laissant croire que sans lui, vous n'êtes rien, il est la « vedette », il se met en avant, vous fait culpabiliser quand bon lui semble. Un jour vous pouvez être la première merveille du monde et le lendemain, vous êtes considérée comme pas grand chose, il peut aussi vous rabaisser, se moquer de vous en public.

Le chantage est aussi quelque chose que j'ai expérimenté, et plus particulièrement le « chantage au suicide ». Et là malheureusement, mon côté empathique s'était mis à fonctionné, comment savoir si la personne allait vraiment passer à l'acte ou était-ce seulement du bluffe ? Comment savoir ?

Inconsciemment je m'étais dit « et s'il allait réellement le faire ? ». Je m'en serais voulue toute ma vie, bien que j'éprouvais beaucoup de colère envers lui. Ce qu'il faut savoir c'est que les pervers narcissiques donnent l'impression d'être heureux mais en réalité, ils ne le sont pas et tirent ce mal-être de leur enfance, généralement en relation avec l'un des deux parents du à un manque d'amour, de reconnaissance, de jalousie, ou même à l'abandon.

Ils prennent leur plaisir dans le fait de faire du mal à leur victime. En réalité, ils ne s'aiment pas et sont incapables d'aimer en retour mais ils aiment qu'on les aime. Ce sont leurs victimes qui les font vivre et exister entre guillemets, sans elles, ils ne seraient rien. Un pervers narcissique qui se retrouve seul, se retrouve dépossédé de son pouvoir de domination sur autrui.

J'avais fini par comprendre que mon frère avait joué un double jeu avec moi et qu'il voulait me faire du mal par jalousie. Aujourd'hui, je me sens plus libre et apaisée depuis que j'ai coupé définitivement les ponts avec lui, je n'ai plus cette appréhension, cette petite voix qui me dit « quel reproche va t-il te faire aujourd'hui, comment va-t-il se comporter ? ». Je me sens totalement soulagée, bien-sûr que j'aurais voulu avoir une relation saine et durable avec lui, mais je me suis aperçue que pour mon bien comme pour le sien, il fallait que l'on se tienne éloignés l'un de l'autre.

Je ne méritais pas ses reproches et son comportement de jalousie extrême et pour lui j'étais plus un objet de souffrance qu'une petite sœur avec laquelle il aurait pu se lier et avoir une complicité constante. Bref j'ai tiré un trait sur cette partie de ma vie, il m'a fallu du temps mais j'y suis arrivée grâce au soutien de mes parents et de ma sœur.

Suite à tout ça, j'ai tenté de me reconstruire, d'oublier. Il était et restera ma plus grande déception dans la vie, j'avais du mal à concevoir qu'un frère puisse détester sa sœur. Pour moi il n'y avait aucune logique dans tout ça. Je me rappelle de la naissance de ma petite sœur, c'est sans doute à ce jour le plus beau jour de ma vie. Je m'en rappelle comme si c'était hier, mon père est venu me chercher à l'école et je suis tout de suite allée à la maternité pour faire connaissance avec ma petite sœur.

Quand je suis entrée dans la chambre de ma mère, j'étais toute intimidée, mais quand je l'ai vue, j'étais la plus heureuse des grandes sœurs. Je faisais connaissance avec ce petit bébé qui était en quelque sorte le mien aussi, un beau bébé de 3, 490 kg avec des magnifiques yeux bleus. Je me rappelle de cette phrase que ma mère a prononcé « Alors elle te plaît ta petite sœur ? » et moi j'ai répondu « Oh oui! ». Comment ne pas aimer ce petit-être ? Comment résister à cette petite bouille ?

J'avais également le sentiment de me sentir moins seule. Je

n'ai jamais ressenti aucune jalousie quant à l'arrivée d'une petite sœur, je savais que mes parents m'aimaient tout autant et j'avais toute confiance en eux. Je me rappelle de nos premiers moments de complicité, je lui donnais le biberon, le bain. Ma mère s'amusait à nous filmer en train de jouer ensemble, de danser.....

Elle était témoin de cette belle relation qui naissait petit à petit. Aujourd'hui, je n'imagine pas un seul jour de ma vie sans elle, c'est un véritable soleil pour moi un anti-dépresseur. Elle fait partie de ces personnes solaires qu'on a envie de voir et d'entendre tous les jours, de ces personnes qui peuvent vous faire éclater de rire en un clin d'œil.

Bref, c'est ma sœur ! Et pour rien au monde, je n'en changerais !

Alors quand je pense à ce frère qui n'avait de cesse de jouer avec moi et de se servir de moi, je ne comprends pas mais j'ai arrêté de chercher des explications à toute cette histoire. Je me suis concentrée sur mon objectif d'entreprise et ce qui comptait réellement pour moi. Aujourd'hui, j'ai gagné face à ce traumatisme, car cette histoire et cet homme ne m'inspirent plus que de l'indifférence.

Je n'ai rien à me reprocher, mise à part le fait d'y avoir cru sans doute, mais j'ai toujours été sincère avec lui. Aujourd'hui je me dis que je n'ai perdu personne, c'est lui qui m'a perdue.

Je crois que cette rencontre m'a enseignée une chose, c'est de ne pas faire confiance trop vite, que ce soit en amitié ou même en amour, ne jamais ouvrir son cœur trop vite. Apprendre à connaître la personne, observer ses actes bien plus que ses paroles, car on peut très bien te dire ce que l'on veut. Comme quoi, on ne connaît jamais suffisamment les gens.

La création de ma micro-entreprise

Avec cette micro-entreprise, je sautais dans le vide, pour me confronter à un monde que je ne connaissais pas du tout, le monde du « marketing d'influence ». Mon manque de confiance en moi m'a toujours freinée dans mes objectifs et puis j'ai fini par faire le grand saut. J'ai commencé par me créer un pseudo sur les conseils de ma tante. J'ai créé un blog qui à l'époque était loin d'être professionnel. J'ai commencé à poster des recettes de mon enfance, des looks.....

Cette micro-entreprise, c'est non seulement un moyen de me prouver à moi-même que contrairement à ce qu'on a pu me dire, je suis capable de faire quelque chose toute seule, de me débrouiller.

« Emilissime Lifestyle », c'est mon bébé, aujourd'hui j'ai envie de me rendre fière de moi mais également la petite fille mal dans sa peau que j'étais. Je suis le genre de personne qui inconsciemment a besoin de se lancer des challenges, des défis, même si j'appréhende énormément, chaque victoire me rapproche de la femme que je veux être. C'est une manière de sauver la petite fille que j'étais, de lui faire honneur, comme si je voulais lui montrer que malgré tout, même si j'en bave, je suis toujours là.

Mais revenons-en aux réseaux, j'ai commencé à percer petit à petit avec mon premier compte « Quoi de neuf Émilie ? », pendant un an, ça a plutôt bien marché, bien-sûr je n'étais pas rémunérée, mais j'étais satisfaite de mon travail et du retour de mes abonnés. Ensuite, je me suis mise à stagner au niveau de ma visibilité, de l'engagement des abonnés, je n'avais plus autant de like, de vues. Bref j'étais tombée dans ce que j'appelle le côté malsain des réseaux sociaux, l'amour des abonnés et la reconnaissance étaient devenus une véritable obsession malheureusement. Je ne prenais plus de plaisir à créer du contenu et c'était très mauvais signe. J'ai pris la décision de recommencer à zéro, de créer un autre compte et de proposer toujours le même style de contenu mais avec une autre stratégie, je ne savais pas que je m'engageais dans quelque chose de complexe, de fatiguant et d'éprouvant.

Ce que l'on recherche de nos jours chez une créatrice de contenu c'est l'authenticité, le naturel, le côté attractif, « bonne copine », « modèle ». Et je manquais cruellement de tout ça. Avec l'aide d'un ami, j'ai crée un nouveau site plus qualitatif, celui-ci mettant en valeur mon travail. J'ai crée ma micro-entreprise toute seule et pour moi ce fut un challenge, la création est intervenue à un moment un peu particulier, je venais de perdre ma tante. C'était une période compliquée, j'étais à fleur de peau émotionnellement. Jusqu'à présent, elle me donnait son avis sur mon travail, elle aimait tester mes recettes, me donner son avis. Et quand, elle est partie, j'ai ressenti un vide intérieur, un manque, j'avais l'habitude d'avoir ses retours quand je postais une publication. Le jour où ça s'est arrêté, ça m'a vraiment fait bizarre. Du jour au lendemain, il a fallu se faire à son absence, à ses remarques décalées qui me faisaient rire par moment. Il a fallu apprendre à créer et à se passer de ses critiques constructives.

Cette même année, en parallèle de cette épreuve familiale, je menais un combat personnel, sans doute l'un des plus durs, et celui-ci je ne l'avais pas vu arriver. J'ai vraiment touché le fond en mettant en péril ma santé physique et mentale.

Mais aujourd'hui, je prends conscience que ce fond, ce tunnel m'a enseigné quelque chose d'important, je pense que j'ai échappé de justesse à quelque chose de très grave. J'ai eu la sagesse de me relever face à cette épreuve seule dans un premier temps, puis grâce à la mise en place d'un suivi psychologique.

Anorexique mentale ! Entre Euphorie et Déni...

Durant l'été 2021, je suis tombée dans quelque chose de malsain. Juillet 2021, j'ai voulu me lancer dans un rééquilibrage alimentaire pour me sentir un peu mieux dans ma peau. Et malheureusement je suis très vite tombée dans une relation toxique avec la nourriture. Ce qui devait être un simple « rééquilibrage alimentaire » était devenu l'air de rien un régime très restrictif qui malheureusement marchait bien et même trop bien ! Et le pire c'est que j'ai aimé cette sensation, j'avais acquis un certain contrôle sur mon corps. Je me restreignais, je diabolisais certains aliments, je mangeais des toutes petites quantités, il m'arrivait de sauter certains repas. Et à côté de tout ça, je faisais beaucoup de sport, je marchais beaucoup.

Sauf que ce « beaucoup » est devenu tout le temps et après chaque repas. Le peu de nourriture ingurgité devait disparaître. « Manger » et « Marcher » étaient devenu mon quotidien, il n'y avait plus que ça qui comptait. J'ai fini par perdre 10 kg en 3 mois, je ne faisais plus que 38 kg pour 1, 60 m. J'avais perdu toute ma masse musculaire, je nageais dans mes vêtements. Mais très honnêtement à cette époque, je ne voyais pas le mal, j'étais dans une sorte de déni. J'étais tombée dans « l'anorexie mentale ». C'est comme si mon corps s'était mis en grève, comme s'il ne supportait plus rien, comme s'il se rebellait face à toutes ces années de tristesse, de souffrance. Pendant, une longue période, la seule chose que je mangeais, c'était des assiettes de champignons crus, sans assaisonnement, sans rien d'autre. Ah ça, on peut dire que j'en ai mangé des champignons ! Je n'ai mangé que ça pendant presque un an à chaque repas, c'était juste assez pour tenir debout.

Inconsciemment je me faisais du mal et j'en faisais également à une autre personne, ma maman mais ça malheureusement à l'époque, je n'en avais pas conscience. Je ne peux pas dire que j'ai été égoïste, j'étais juste perdue, je n'ai pas le droit de m'en vouloir, ça voudrait dire que toutes les personnes atteintes d'anorexie sont coupables. Les Troubles du Comportement Alimentaire se déclenchent chez des personnes atteintes d'un mal-être, d'un traumatisme, de rapports conflictuels.

Ce qu'il faut savoir c'est que l'anorexie ne change pas seulement l'apparence physique d'une personne, elle change aussi son comportement, mais également sa vie toute entière. Cette pathologie, c'est une « véritable plaie », elle prend possession de votre estomac, de votre cerveau, de vos paroles, de votre comportement, elle vous isole des autres, elle prend possession de vous ! Vous n'êtes plus vous-même, elle remet votre vie en question.

Je me cachais pour marcher, pour faire du sport à outrance, je pesais le peu que je mangeais, je me pesais moi-même tous les matins, parfois même, je prenais le pèse personne que je cachais sous mon lit. Me peser était le premier geste de la journée. Je n'avais qu'une peur, avoir grossi de quelques grammes, pour moi, c'était horrible ! Je me suis disputée à plusieurs reprises avec ma mère à ce propos. Elle me voyait m'enfoncer un peu plus chaque jour, elle m'a prévenu à mainte reprises sur les conséquences graves de cette maladie, mais je refusais de l'écouter, j'étais vraiment dans un déni profond qui m'éloignait de la réalité. Aujourd'hui, je ne me pèse plus du tout sauf quand je vais chez le médecin, je maudis cet objet qui me rappelle trop cette période de destruction et d'obsession malsaine.

Et avec le recul, quand j'y repense, il y a une certaine logique et une symbolique derrière cette maladie. Je me faisais du mal par mimétisme et par habitude. Depuis la période du harcèlement scolaire, je me dévalorisais sans cesse, je reprenais le flambeau de ceux qui m'avaient détruite, de ceux qui me regardaient de travers, qui riaient sur mon passage. J'ai entamé une thérapie avec une psychologue et c'est elle qui a diagnostiqué mon « anorexie mentale ». Elle m'a aidé à poser des mots sur cette maladie qui m'a littéralement anéantie physiquement et moralement.

Pendant cette période, je mangeais par devoir et non par plaisir, le moment des repas était plus une torture qu'un véritable plaisir. Pas question d'aller au restaurant, pas question d'avaler quoi que ce soit de trop calorique pour ensuite éprouver de la culpabilité. Il faut savoir que l'anorexie est une sorte d'addiction, j'étais devenue accro à la maigreur.

Je masquais les conséquences de ma pathologie derrière un sourire, je faisais semblant d'aller bien, d'être heureuse sur les réseaux et ça a marché, personne n'a rien remarqué sauf sur Tik Tok au bout de quelques temps. Je portais le fameux masque, celui qui cache les pleurs, les peurs, les phobies, les doutes.

Quand je dis que tout devait absolument disparaître de mon estomac, c'est pareil avec la parole, les non-dits. Pendant mon harcèlement scolaire, je n'ai jamais rien dit, j'étais incapable de dire quoi que ce soit, j'étais impuissante face aux moqueries et là avec l'anorexie, c'est moi qui décidait, sauf que je m'étais trompée d'ennemi, je m'en prenais à moi. Je réalise que pendant ces deux décennies, je ne me suis jamais fait de cadeau, jamais ! Je n'ai jamais mis mon bonheur mental au premier plan, seuls les résultats de tout ce que j'entreprenais comptaient, même si pour cela ma santé mentale devait être refoulée au second plan.

Je me dénigrais, je me dévalorisais, il m'est même arrivé de m'insulter, d'avoir des idées noires. Tout ce qu'il ne fallait pas faire, je le faisais. J'ai même éprouvé le sentiment de l'imposteur quand j'ai commencé sur les réseaux. Je me détruisais, l'anorexie, c'est de l'auto-destruction clairement ! Je me rappelle des paroles de ma thérapeute, qui m'a dit que je devais être très forte mentalement pour être arrivée à me persuader que je ne devais pas manger ou très peu pour ensuite tout éliminer. Je pouvais marcher jusqu'à 3 ou 4 h voire plus sans faire de pause, il n'y avait plus que ça qui comptait. Je connaissais les calories des aliments par cœur et j'aimais ce corps sans force et sans forme qui était le mien. Quand j'essayais des vêtements dans les magasins, je nageais dans presque tout, il m'est arrivé de prendre du XXS, et j'étais satisfaite de moi, même si ça peut paraître inconscient. Je m'étais persuadée que de cette façon je serais plus heureuse et épanouie, que rien ne pourrait m'arriver de grave et que rien ne m'arrêterait. Tout ça n'était qu'illusion et pendant presque deux ans j'y ai cru.

Sauf qu'un jour, ton corps finit par t'envoyer des signaux, des alertes et que tu es dans l'incapacité de les ignorer. C'est un peu comme s'il te disait « Sauve-moi avant qu'il ne soit trop tard, ouvre les yeux, occupe toi de moi, il y a urgence.... ». C'est un rapport de force qui s'installe entre ta raison et ton corps. Ton cerveau, lui t'envoie des signaux comme quoi tu ne dois absolument pas manger et puis ton corps se rebelle et te lâche complètement.

Et en même temps, on a du mal à s'arrêter car c'est devenu trop simple et quelque part « jouissif ».... C'est le côté vicieux de cette maladie. C'est comme si la maladie était devenue ma « meilleure amie » à cette époque.

Ce qu'il faut savoir c'est qu'on a tendance à associer les Troubles du Comportement Alimentaire aux femmes, mais certains hommes sont aussi concernés, ce n'est pas un monopole féminin. Peut-être que les hommes ont plus de mal à se confier sur le sujet ou à assumer, mais c'est la même galère, garçon comme fille.

Il y a vraiment une détresse dans ces pathologies (anorexie, boulimie, hyperphagie.....), un appel au secours, un traumatisme profond. Les gens ont tendance à juger sans savoir comme pour tout le reste. Si on est trop gros, c'est parce qu'on mange trop, si on est trop maigre, c'est parce qu'on ne mange pas ou du moins pas assez....

Bref, on plonge dans des clichés, des jugements qui n'ont pas lieu d'être, sauf que derrière tous ça, il y a une solitude, un mal-être, un besoin de compenser, un manque, une douleur....

La guérison met du temps et demande de la motivation, c'est un combat de chaque jour. On peut faire rapidement des progrès puis faire une rechute, moi je sais qu'aujourd'hui, certaines choses sont encore dures pour moi. À certains moments, je vais m'accepter physiquement en ayant repris du poids, d'autres un peu moins, c'est vraiment lié à l'état d'esprit du jour. Et pourtant là, où, j'ai fait des progrès, c'est dans l'idée de « gratitude », avant je ne me faisais quasiment pas de compliment sur mon physique, je trouvais ça malsain et j'ai compris que non, finalement.

J'ai également compris, que si on attend cette bienveillance des autres, on peut attendre longtemps, donc aujourd'hui, dès que je peux me faire un compliment, je le fais, je n'attends plus. Et surtout, je me soigne en me préparant de jolies assiettes, bien colorées, avec des produits brutes, des aliments sains, je fais également de la musculation, c'est vital pour moi, je me défoule, je redonne de la vitalité à mon corps et quand je me regarde dans la glace, je suis fière d'avoir transformé ce corps qui était véritablement devenu fragile.

Aujourd'hui, je m'autorise à manger du « gourmand », par « gourmand », j'entends tous les aliments que je diabolisais par le passé, aujourd'hui je refais des gâteaux, je remange du chocolat, du miel, je réutilise de l'huile, j'ai une alimentation plus variée, je mange en plus grosse quantité, il m'arrive même de grignoter entre les repas. Je me remets à cuisiner, à tester des recettes, pendant un peu plus d'un an, j'avais vraiment arrêté tout ça. Je m'autorise même des petits plaisirs en solitaire chez Starbucks, à chaque fois que je suis sur Bordeaux, je passe toujours dans ce coffee-shop. Il y a deux ans, tout ça je ne le faisais pas. Et je prends conscience que je suis presque guérie de cette maladie malgré certains automatismes encore récurrents qui j'espère finiront par partir, mais je me laisse du temps.

En dehors de ça, je pense que cette petite routine de gentillesse que j'ai instaurée cette année envers moi fait partie de la guérison, du processus de réconciliation avec mon corps, avec mon mental. Certes mon corps n'est pas parfait, j'ai de la cellulite, des vergetures, selon les périodes je grossis, je maigris mais je suis arrivée à stabiliser mon poids, j'ai repris ces kilos qui me faisaient peur il y a encore un an et je le vis plutôt bien comme quoi tout est possible grâce à la musculation, l'accompagnement thérapeutique et une énorme résilience de ma part.

Alertes et Prise de Conscience

Quand j'étais au plus bas, mon corps me faisait mal par moment, il était sans vie, sans motivation, je voyais et sentais mes os , ça me faisait vraiment souffrir. C'est à partir de là que j'ai commencé à comprendre que j'avais été trop loin. Je me souviens d'une fois où je me suis mise toute nue face au miroir, et j'ai eu un premier électro-choc ! Je n'avais plus que la peau sur les os, mais ça, et rien que le fait d'en avoir conscience, c'était positif pour moi.

Pendant ma période de déni, je me rappelle des mots de ma mère qui m'avaient blessés et auxquels je répondais avec agressivité extrême quand elle me disait « tu n'as pas le corps d'une femme, tu as celui d'une enfant.... ». Alors même si certaines phrases ne doivent pas être prononcées en présence d'une anorexique, j'ai pris conscience bien après, que c'était réellement pour mon bien, qu'elle se montrait aussi direct et franche. Elle avait peur que je finisse à l'hôpital. Je me suis énormément documentée sur le sujet et je me suis aperçue que les anorexiques ont une sensibilité encore plus développée. Je suis déjà quelqu'un d'hyper-sensible en temps normal et l'anorexie a amplifié ce trait de caractère.

J'étais dans l'euphorie de cette maladie. Sauf que dans tout ça, il y en avait une , que j'avais mise de côté et sous-estimée, « ma santé ». Aujourd'hui, je peux dire que mon corps m'a sauvé d'une certaine façon et tu vas comprendre pourquoi.

J'étais fascinée par la rapidité et la facilité avec laquelle je perdais du poids et j'avais tellement restreint mon estomac qu'il ne supportait plus rien, quand je mangeais un peu plus qu'en temps normal, je me sentais mal, j'avais envie de vomir. Seule la marche me soulageait au bout d'un certain temps, j'étais prise à mon propre piège, il commençait petit à petit à se refermer sur moi. Comme on dit, à trop jouer avec le feu, on finit par se brûler. « Manger » me faisait mal !

Le deuxième déclic, je l'ai eu quand j'ai commencé à perdre

mes cheveux. J'ai toujours perdu beaucoup mes cheveux, mais là, c'était beaucoup plus qu'en temps normal. Vous savez les cheveux, chez une femme ce n'est pas seulement un trait de féminité, de beauté, c'est bien plus, et j'en ai hélas pris conscience trop tard. J'avais perdu une énorme masse, ils étaient abîmés, comme éteints, encore plus secs et fragilisés qu'en règle générale. Mon alimentation si pauvre ne contribuait plus du tout à leur bonne santé. Et si aujourd'hui, mes cheveux sont en mauvaise santé, c'est en parti dû à ça, aux carences développées, à une alimentation trop restreinte, mon corps ne l'a pas supporté et il me le fait payé encore aujourd'hui. Alors il a fallu remédier à tout ça mais c'est très long et ça demande beaucoup de patience pour redonner littéralement vie à tout ça.

Je me suis rendue compte de l'énorme bêtise que j'avais faite, c'est à partir de là que tout a commencé. Et puis à côté de ma chevelure, j'avais la peau extrêmement sèche, je n'avais plus mes règles, je ne dormais plus ou quasiment plus, seulement trois ou quatre heures par nuit. Question vie sociale, je m'étais coupée de ma propre famille, de mes amis. Je refusais d'aller aux repas de famille, aux invitations de mes copines. J'inventais des raisons pour ne surtout pas me retrouver derrière une table, dans un restaurant. Je me suis mise à parler avec un garçon sur les réseaux sociaux l'été où je suis tombée dans cette pathologie, j'ai commencé à m'attacher à lui. Malheureusement, j'ai eu peur qu'il me voit dans cet état, j'avais peur de son regard, de son jugement. J'ai compris au bout de quelques temps, que ce qui l'intéressait chez moi, c'était seulement mon physique « chétif » et pas le reste, pas la fille que j'étais. Il voulait absolument me voir sauf que j'avais honte de moi, de la vie que je menais et comme j'étais sûre de le décevoir, il s'est lassé et cette histoire est partie aux oubliettes. Enfin si on peut appeler ça « histoire ».

Je pensais qu'il serait incapable de comprendre mon passé, mes souffrances, mes phobies et mes peurs, lui, à qui, tout semblait sourire tant sur le plan professionnel que personnel. Je l'ai vu plusieurs fois dans la rue, mais seulement voilà, j'étais tentée de le rattraper, de lui parler, mais la peur, l'appréhension ont pris le dessus à chaque fois. Une fois, il m'a vue également mais n'a pas osé venir m'aborder, du moins c'est ce qu'il m'a dit un peu plus tard. D'une certaine façon, je me suis interdit d'aller le voir.

C'est difficile à dire, mais j'ai toujours eu envie de me mêlée à une bande de potes comme tout le monde, sauf que j'en garde de mauvais souvenirs, je savais que c'était hypocrite de leur côté. Moi aussi j'avais envie d'être comme toutes les jeunes femmes de mon âge, de faire des soirées, de m'amuser, de m'éclater, d'avoir une vie « normale », même si le concept de « norme » n'a pas lieu d'être pour moi.

Donc tu l'auras compris, côté sentimental ou même amical cette pathologie est un sacré handicap, un frein, elle vous coupe de tout et de tout le monde, vous devenez un « fantôme ». Aujourd'hui, ce que je regrette, c'est de lui avoir dissimulé la vérité sur mon état à ce garçon, seulement, aurait-il compris ? Aurait-il eu envie de me voir d'apprendre à me connaître malgré tout ça ? Notre différence d'âge, son caractère, sa mentalité que j'ai vite cernée ne me laissaient pas espérer une certaine compréhension, ni un retour positif de sa part. Malheureusement, c'est une question à laquelle, je n'aurai jamais de réponse.

Mais il y a peu, j'ai compris quelque chose grâce à ma thérapeute, elle m'a dit que mon cœur n'avait jamais réellement fonctionné, j'ai toujours fait appel à ma raison, je n'ai jamais écouté l'élan de mon cœur. À cette période, c'est ma raison qui avait dicté mon comportement, je ne me fiais pas à ce que ressentait mon cœur, seulement à ce que l'on pourrait penser de moi.

J'ai pris conscience de tout cela lors de ma dernière séance, juste en posant mes deux mains sur mon cœur. Ça va te sembler bizarre, mais c'est comme si je le faisais pour la première fois et les larmes se sont mises à couler naturellement, comme si je prenais conscience du message qu'il m'envoyait, à savoir qu'il s'usait, de ne pas être écouté, de ne pas être pris en compte. Tout comme mon corps, il se mit à me parler et me dit « Hello, je suis là ! Est ce que tu pourrais m'écouter au moins une fois de temps en temps ?

Sers toi de moi au lieu d'écouter toujours ton cerveau ! »

C'est dans ce domaine, que je dois faire un travail également, faire confiance à ce que me dicte mon cœur, l'écouter un peu plus et prendre des décisions en fonction de lui. Jusqu'à présent j'avais la sensation d'être fatiguée, mais en réalité ma thérapeute m'a dit que ce n'était pas de la fatigue, que c'était de la tristesse, un océan de tristesse, mon corps, mon cœur commençaient à me le faire comprendre. Je n'oublierai jamais la fois où j'ai posé les deux mains sur mon cœur. Ça peut paraître ridicule, mais c'est comme si j'avais fait connaissance avec lui, ce jour là.

Durant la période d'anorexie mentale, le cœur, les envies ne rentraient pas en ligne de compte, juste cette petite voix malsaine qui me disait de ne surtout pas manger la moindre chose calorique ou un temps soi peu gourmande. Je n'étais pas seule physiquement, puisque je vivais avec ma mère mais moralement, je me sentais très seule dans le sens, où j'étais tombée dans quelque chose qui me dépassait, dans quelque chose qui était beaucoup plus fort que moi. Sortir

119

de l'anorexie, c'est complexe, ça peut prendre beaucoup de temps, parfois même des années. Sauf que comme le disait ma psychologue, le seul remède, c'est le temps, de l'écoute, aucune pression et progresser un peu plus chaque jour. Petit à petit, je me suis mise à diversifier un peu plus mon alimentation et j'ai repris la musculation. La musculation allait m'aider à sculpter ce corps que j'avais littéralement détruit physiquement. Et je pense que c'est précisément à cette même époque et suite au décès de ma tante que j'ai plongé dans une dépression.

Sans le savoir je menais un double combat avec ces deux pathologies, les TCA et la dépression en plus de mon anxiété sociale. On a tendance à sous-estimer les conséquences morales d'un harcèlement scolaire, la phobie sociale, l'isolement, le renfermement sur soi peuvent être des séquelles de ce genre d'épreuve. Aujourd'hui, je me rends bien compte que j'ai tardé à parler, que j'ai mis ma santé mentale entre parenthèses pendant trop longtemps. En résumé je me suis oubliée pendant trop longtemps.

J'avais honte de moi, honte de cette jeune femme que le harcèlement, les phobies, l'isolement, les peurs avaient façonnée. Je ne vivais pas, je survivais en parallèle de ce monde et de ma génération qui me faisait littéralement honte et peur. Je savais que si je disais ce que je pensais, si je laissais voir celle que j'étais réellement, je me serais sentie bien seule, même si moralement, c'était déjà le cas. J'ai pris conscience récemment, que mes peurs venaient aussi de la période où je me suis faite harcelée par mes institutrices en CE2 et CM1.

C'est à partir de mars 2023 que toute seule et avec le soutien de mes proches, j'ai pris le taureau par les cornes. C'est comme si la reprise de la musculation me redonnait quelque part confiance en moi et m'autorisait enfin à manger un peu mieux. Bien-sûr je continuais de marcher après chaque repas, mais je mangeais plus et de façon plus diversifiée. Parallèlement à ça, mon corps commençait à reprendre en galbe, et pour moi tous ces petits détails qui en fin de compte n'en étaient pas, constituaient une première victoire sur la maladie.

Petite anecdote, un jour je me suis filmée pendant mon entraînement à la salle de sport à l'époque où j'avoisinais les 40 kg. Mon corps était sans vie, j'avais l'apparence d'une ado et pas d'une femme, je n'avais plus de forme et quand je regarde les vidéos encore aujourd'hui, ça me choque, me fait mal au cœur et je mesure l'ampleur des dégâts.

Il n'y a pas longtemps, j'ai écouté une vidéo de développement personnel qui mettait en avant que le jugement des autres est le reflet de ce que l'on pense de nous, donc si je pense du mal de moi, les autres penseront automatiquement du mal de moi et c'est la même chose à l'inverse, d'où l'importance de s'aimer. Le regard des autres nous renvoie à l'image que l'on a de soi.

Il ne faut pas croire que les personnes souffrant d'obésité sont les seules jugées, les personnes trop maigres sont également stigmatisées par la société. On n'est jamais trop assez pour les autres et si cette maladie m'a appris quelque chose d'essentiel, c'est que l'on peut être sa « pire ennemie », il n'y a pas besoin des autres pour cela. Je me rappelle aussi avoir fait des malaises à deux reprises, j'ai eu aussi des étourdissements. Je suis également tombée dans l'anémie, mes analyses de sang étaient sans appel , je devais me réalimenter correctement, mon indice de masse corporel était bien trop faible, j'étais en « insuffisance pondérale ».

Au début de ma guérison, je me rappelle qu'une de mes abonnés sur Tik Tok avait tout deviné rien qu'en me regardant, elle avait vu que physiquement, je n'étais pas au top, que je n'étais plus comme au début . Je paraissais amaigrie dans mes vidéos, je n'avais plus cette vitalité du début, mon visage paraissait fatigué, il était creusé. Je me rappelle que le jour où elle m'a fait la réflexion sur mon apparence physique, j'ai ressenti comme une sorte de « soulagement ». Comme si j'étais contente que quelqu'un d'autre qu'une personne proche de moi s'en soit aperçu et préoccupé. Je ne lui en voulais pas, au contraire.

Je me rappelle que durant mes premières séances chez la psychologue, je pleurais, j'étais vraiment au fond du sot. Je lui faisais part de mes angoisses et de mes peurs quant au fait de reprendre du poids, de voir mes joues s'arrondir, de voir mes cuisses grossir. J'avais peur de ne pas m'accepter physiquement, de souffrir mentalement et de décevoir aussi mes abonnés, car je m'étais aperçue que je recevais beaucoup plus de compliments sur mon physique depuis cette importante perte de poids. J'avais peur de décevoir ma communauté, j'y attachais plus d'importance qu'à ma propre santé. J'étais devenue dépendante de cette réputation de « fille mince et enjouée, bien en apparence » et pourtant si mal une fois la caméra coupée.

Je me rappelle que ma thérapeute m'a dit « si vos abonnés vous suivent pour votre physique et pas pour vous, ce ne sont pas de vrais abonnés..... Vous risquez peut-être d'en perdre, certes, mais d'en gagner de vrais, ceux qui vous accepteront comme vous êtes, ce sont eux qu'il faut garder. »

Après chaque entretien, ses paroles me suivaient, tournaient dans ma tête. Et puis je me suis dis que j'allais y aller à mon rythme, même si je devais mettre des années à regrossir, j'allais le faire. J'avais envie de me laisser le temps, de ne pas me mettre de pression. Le fait d'avoir pris conscience du mal que je m'étais infligée, d'être sortie du déni, d'avoir entrepris une thérapie, d'avoir repris le sport, tout ça constituait une autre victoire pour moi.

Le simple fait de reprendre du plaisir à manger me semblait bizarre, j'avais perdu la notion de « bonheur » en mangeant et pourtant dans une famille comme la mienne c'est la base. Au début de ma maladie, seules ma mère et ma sœur étaient au courant, mon père ne l'était pas vraiment. Dans le fond je pense qu'il s'en doutait, il me voyait perdre du poids, faire de l'exercice, mais nous n'en parlions pas trop tous les deux. Il connaissait trop ma personnalité et mon côté « à fleur de peau » et hyper-sensible pour aborder ce sujet.

Arrivée à 44 kg, je me sentais déjà un peu mieux, évidemment, ce n'était pas encore le poids idéal, mais je remplissais un peu plus mes vêtements, et je savais que je faisais des efforts et rien que pour ça j'étais fière de moi. La musculation me permettait de m'octroyer des petits plaisirs que je m'interdisais jusqu'à présent. Tout ce que je mangeais, je le compensais avec la musculation, donc pour moi ça allait mieux psychologiquement. Un jour je me suis décidée à aller voir une diététicienne-nutritionniste à qui j'ai expliqué mon problème de Trouble du Comportement Alimentaire. Elle m'a fait prendre conscience qu'une femme doit être normalement constituée de graisse, et que cette graisse était très importante pour être en bonne santé. Comme nous sommes constituées de façon à donner la vie, le corps d'une femme doit être munie de graisse, c'est incontestable, il doit y avoir un équilibre entre muscle et graisse. Et je crois que ses paroles m'ont un peu confortées dans ce sens.

Le mois suivant, je suis retournée la voir et j'avais pris de la masse musculaire, si vous saviez la fierté que j'ai ressentie en ressortant de la consultation. Je n'avais pris qu'un kilo de muscle, mais pour moi c'était énorme, je me disais que j'étais sur la bonne voie, c'était la fin du cauchemar. J'ai réussi à me prouver que je pouvais le faire, évoluer, y aller à mon rythme, que je pouvais recommencer progressivement à vivre en tenant compte de mes besoins, de mes envies, sans me mettre la pression. Ce qu'il faut savoir aussi c'est qu'il faut apprivoiser la maladie, car malheureusement elle est bien plus forte que toi, du moins au début, comme si quelque part, il fallait détourner son attention, sortir de sa zone de confort de façon progressive, de manière à en sortir définitivement. J'ai lu et regardé beaucoup de documentaires sur l'anorexie mentale, du mal que les autres pouvaient ressentir, et ça m'a fait beaucoup de bien de savoir que je n'étais pas la seule dans ce cas, même si évidemment, je le savais déjà. Je me retrouvais dans le parcours de tous.

J'espère qu'en écrivant ce livre, j'arriverai à me libérer de tous ces maux, que je serai une aide et un soutien pour tout ceux que le harcèlement, le burn-out, la dépression, l'anorexie mentale ont touché et je pense aussi aux victimes des pervers narcissiques, l'ayant été moi-même également.

Crois-moi le chemin est long, mais il est beau, il est dur. Néanmoins , je sais aujourd'hui, que je mérite la nouvelle vie vers laquelle je m'obstine à courir. Je ne suis pas parfaite, du moins, je suis « parfaitement imparfaite » comme on dit, mais je pense être méritante parce que je n'ai jamais porté préjudice à qui que ce soit.

Ça peut prendre certes du temps, mais je m'en sortirai. Aujourd'hui, je continue d'avoir certains réflexes d'anorexique, je ne suis pas complètement guérie, mais pour rien au monde, je ne redescendrai à 38 kg, pour rien ! Ces kilos, je les ai appréhendés, j'en ai eu peur, je voulais les éviter mais au final, je les accepte et je m'aime comme ça. Mon corps a pris en galbe, je me suis musclée, je suis en meilleure santé. De base je suis végétarienne à tendance végan, mais il a fallu réadapter mon alimentation en réintroduisant du poisson, des œufs pour avoir les protéines nécessaires au bon développement de ma masse musculaire et de ma santé.

Je me suis mise à repenser à moi, chose que je n'avais

pratiquement jamais fait, je me suis faite passée en priorité, mon but, sortir de cet enfer. J'avais mis ma santé en péril. C'est bizarre mais en maigrissant beaucoup, quelque part, je voulais être limite « transparente », ou alors était-ce seulement un appel au secours, pour que l'on s'intéresse à moi. Je ne dis pas que mes proches m'ont délaissée, je dis juste que c'était ma manière à moi d'extérioriser, je me vidais de mes émotions, comme je me vidais de cette nourriture, c'était ma manière à moi de m'exprimer. Je me rappelle du discours que m'a tenu la nutritionniste sur les anorexiques. Déjà, elle me rassurait sur le fait, que je n'étais pas une anorexique classique, qui refusait de s'alimenter et qui faisait de l'exercice à outrance. J'étais une anorexique « mentale », je mangeais à la différence d'une anorexique classique, mais tout devait disparaître comme je le disais précédemment. Si je peux symboliser un peu tout ça, je dirais que j'étais une boutique en « déstockage », ou en « liquidation immédiate », tout devait et allait disparaître, je trouve que ça résume assez bien la situation même si comme ça, ça peut te paraître un peu fou.

Je n'ai pas eu de crise d'adolescence, et cette période était un peu ma période de rébellion à moi. Comme me l'a expliqué la thérapeute, un jour mon corps a complètement lâché.... Il m'a fait prendre conscience que j'avais atteint un stade catastrophique mentalement parlant et que je ne pouvais que remonter à la surface avec le temps.

Quand je regarde mon parcours, je mesure les progrès réalisés même si le chemin est encore long. Certains jours ne sont pas faciles, d'autres sont idylliques. Il faut savoir composer avec ces deux facettes de ma personnalité, et vivre avec tout ça, en se lançant des petits challenges. Je dois prendre conscience que chaque petits pas a une saveur particulière. Peu importe l'ampleur de mes progrès, ils doivent être célébrés. Chaque jour, j'apporte une pierre à l'édifice et surtout ce que je me dis c'est que « Paris ne s'est pas fait en un jour ». Comme on dit aussi, ce n'est pas le jour où tu sèmes les graines que tu peux manger les fruits, il faut du temps et de la patience, comme dans tout combat.

Madame, vous êtes dépressive !

2024 a rimé avec « reprise en main », « développement personnel », « challenge » « dépassement de soi » mais également « dépression ». Pendant mon travail de développement personnel, j'ai mis du temps à comprendre, que je ne devais pas me comparer aux autres, ce que j'ai eu tendance à faire pendant trop longtemps, il m'arrive encore de le faire hélas. Cependant, on te dit toujours qu'il faut que chaque jour soit un nouveau départ, une nouvelle opportunité, une manière de se prouver que l'on peut évoluer. Progresser un petit peu plus pour atteindre « la meilleure version de soi-même ».

Se dire que notre bonheur dépend seulement de nous et de la façon dont nous percevons les choses, c'est réconfortant et en même temps, ça met une certaine pression. Nous sommes les seules responsables ! Tu sais, on entend souvent qu'il ne faut pas perdre de temps pour vivre, pour s'épanouir, mais quand on a perdu 20 ans de sa vie à cause d'un traumatisme d'enfance, de relations toxiques, de mauvaises rencontres, de déceptions, cette notion de temps, on l'appréhende énormément. On a tendance à se dire, « J'ai perdu tellement de temps, vais-je y arriver un jour ? Est ce que je le mérite réellement? »

Je parle pour moi évidemment, je ne sais pas si certains se reconnaîtront à travers mon parcours, mais ce temps qui passe devient précieux. Face à tout ça on se sent impuissante, on se dit qu'il faut prendre le taureau par les cornes et en même temps, un traumatisme, des phobies, des peurs, ça ne se règle pas du jour au lendemain.

De façon objective, je pense que je fais du mieux que je peux, aussi vite que je le peux avec mes bagages. J'ai l'image d'une jeune femme, qui a une tonne de sacs ou de valises sur les épaules, cette dernière est plus petite que la charge qu'elle supporte depuis tant d'années. Elle a porté, porté pendant trop longtemps, mais aujourd'hui, la charge mentale commence a littéralement cédé et contrairement à ce que l'on pourrait croire, c'est un mal pour un bien. Je

132

trouve que là aussi, cette expression reprend assez bien mon ressenti et mes sentiments dans le combat que je mène. Il faut parfois vivre le pire pour atteindre le meilleur. J'ai en tête cette image, d'une personne qui coule au fond d'une piscine, qui atteint le fond et qui ne peut que taper du pied pour remonter à la surface. Il suffit de le vouloir.

Cette période sombre que je vis en ce moment, est sans doute le début de la fin ! Le début de la guérison, la fin de ma souffrance, voilà comment je vois les choses actuellement. Il y a encore quelques années je n'avais pas ce même raisonnement, là aussi, au moment où je t'écris ces lignes, je prends conscience de la maturité dont je fais preuve. Je vais avoir 30 ans le 27 mai et crois-moi, je rentre dans une nouvelle période de ma vie, une période déterminante, charnière, sans doute, la plus difficile et magnifique à la fois.

Quand je parlais de ce cap des 30 ans autour de moi, nombreux sont ceux qui m'ont dit combien cette décennie était magnifique, même mieux que la vingtaine. J'attendais de me faire ma propre idée et surtout de mener à bien tous mes objectifs de manière à réaliser mon rêve, et sans doute le plus important « être heureuse ». Formulé comme ça, ça paraît un peu cliché, mais je peux t'assurer que je cours dans ce sens depuis des années. Tu me diras c'est le but de tout être humain, sauf que moi, je n'y ai pas goûté depuis mes 8 ans.

Pendant vingt ans, j'ai éprouvé cette sensation de vide intérieur, d'insatisfaction envers moi-même, de mal-être récurrent en présence des autres, ce sentiment de différence qui m'empêchait de nouer des liens concrets et sincères.

Je pense très sincèrement que je suis tombée dans la dépression suite à ma sortie de la faculté, pendant le burn-out. Pendant mes années d'études, j'avais l'esprit occupé, je suivais mon parcours, je ne pensais pas à tout ça mais mes démons ont refait surface et la goutte qui a fait débordé le vase, ce fut mon frère !

Si j'ai un conseil à te donner, ne garde rien pour toi, absolument rien ! Si tu dois te mettre en colère, mets toi en colère, si tu dois hurler pour te soulager, fais-le, si tu dois pleurer, libère-toi, si tu dois rire, ne t'en prive pas. Je suis passée par tellement d'émotions pendant ma dépression que je les connais toutes. Je passe même par cette sensation de vide, ces jours où tu te lèves et ne ressens absolument rien, tu ne vas pas bien, tu ne vas pas mal, tu es dans un entre deux qui est limite plus compliqué à vivre qu'un « Bad Mood ». Au moins avec un bad mood, les choses sont claires, ça ne va pas, tu attends le jour suivant, et tout finit par se calmer.

Alors formulé comme ça, ça peut paraître facile, car quand on est têtue comme moi, on cherche à lutter contre les émotions négatives, on en vient même à se détester et s'en vouloir d'être mal. On essaye de lutter contre nous, c'est plus facile de lutter contre les autres que contre soi-même. Cette fois-ci, on se retrouve seule face à soi-même. Mais comment fais-t-on pour se battre contre la partie obscure de notre personnalité, contre celle qui cherche à nous attirer vers les fonds. Je ne sais pas toi, mais moi, j'ai deux petites voix en moi, l'une très grande, qui dénigre, elle a pris la place de mes harceleurs, de ceux qui m'ont fait du mal. Cette voix malveillante prend l'apparence d'une immense silhouette toute noire dans mon esprit et puis face à elle, il y a une deuxième petite voix, moins imposante, plus gentille, bienveillante avec moi-même qui malheureusement n'a jamais le dernier mot. Et au milieu, il y a moi ! Ne sachant pas qui écouter, qui entendre, je suis complètement et littéralement paumée, perdue.

Jusqu'à présent c'est la voix malsaine qui a toujours gagné en m'éloignant des autres, en me confortant dans l'idée, que je n'étais rien et capable de rien. Mais la petite voix, elle, adorable et apaisante a commencé à prendre de l'ampleur et même si aujourd'hui, je progresse et stagne par moment, je voudrais te faire comprendre que même si la lutte est éprouvante, la victoire n'est pas à bannir, elle est bel et bien possible.

La première chose sur laquelle, j'avais progressé, c'était

mon acceptation physique. Adolescente, je me détestais physiquement, j'étais un peu plus ronde, brune, j'avais des problèmes de dentition qui ont été corrigés suite au port d'un appareil dentaire. J'ai également voulu changer de couleur de cheveux, pour mettre un terme à cette période de souffrance, comme pour tourner une page. J'ai changé de look, j'ai changé de coiffure. J'ai voulu changé d'apparence physique, je voulais dire au revoir à celle que j'avais été pour guérir des séquelles de ce harcèlement.

Aujourd'hui, je me rends compte, que je n'ai pas seulement voulu changer pour mettre un terme à cet épisode traumatisant, je l'ai fait aussi par nécessité. J'avais besoin de me transformer, cette métamorphose était sans doute le tout début de ma reconstruction. En me fabriquant une nouvelle identité physique, j'espérais « plaire », sauf que malheureusement, ça n'allait pas suffire. Il est beaucoup plus facile et aisé de changer un physique, que de panser les blessures mentales.

J'avais donné trop d'importance au regard des autres, à

leurs paroles, à leur jugement. J'étais habituée et en même temps, chaque fois, ça continuait de me faire mal, de me hanter. Je vais te raconter un épisode qui m'est arrivé très récemment. Si tu me suis sur les réseaux sociaux, tu sais que j'expose ma vie tous les jours. Il m'arrive de façon récurrente de me filmer, de prendre des photos de moi. Et d'ailleurs, le fait d'être devant une caméra, de m'exprimer aisément font partie de mes fiertés. Avant, je n'aurais jamais pensé mettre en avant tout ce qui me concerne par peur d'intérêt et de moqueries comme d'habitude.

Bref, il est devenu monnaie courante, de se filmer, de faire des stories, de se mettre en scène devant son téléphone pour se réconcilier avec son image. Et ce qui m'insupporte le plus encore aujourd'hui, c'est la capacité des gens à te mettre mal à l'aise quand ils te voient le faire, comme si c'était étrange, pas dans les normes, pas dans les codes.

Aujourd'hui, qui ne s'est jamais pris en photo ou filmé, qui ?

Je ne comprendrai jamais ce qui motive ces personnes à te

mettre mal à l'aise. Combien de fois, j'ai vu des gens de mon âge, plus jeunes, moins jeunes se filmer, se prendre en photo. Le pire, c'est que des fois, ils ne sont vraiment pas discrets comme ce jour où je me suis arrêtée chez Colombus pour me prendre un petit café.

Et bien ce jour-là, j'avais eu affaire à un cas, enfin, ils étaient deux. Même si avec le recul, on s'aperçoit que ces personnes réagissent de cette façon par frustration et jalousie, sur le moment, ça fait mal, ça vexe. Là, une jeune femme s'était moquée de moi, car je me filmais pour créer du contenu. Je ne faisais aucun mal, je me faisais discrète, j'étais dans mon petit coin, bref, où était le mal ? Nul part ! Il faut croire qu'à ce moment-là, la personne en question a voulu frimer devant son copain.

Néanmoins, là, je mesure mon avancée face à ce genre de situation, contrairement au passé, je suis restée à ma table et j'ai fixée cette jeune-femme, je lui ai rendu ce même regard, et là, c'est elle qui était mal à l'aise.

Je commençais petit à petit à prendre ma revanche. Je regrette de ne pas avoir rétorqué, de ne pas m'être levée à ce moment et de ne pas lui avoir dit « Il y a un problème ? » « Je te gène peut-être ? ». Tu as remarqué aujourd'hui que dès que tu commences à avoir un minimum d'estime pour toi, les gens voient cela comme du « narcissisme », ils extrapolent ça, alors que pour moi c'est comme une renaissance, un renouveau, presque un cadeau. Et je l'ai longtemps attendu ce moment où je ne me regarderai plus avec dégoût dans le miroir. J'ai la nette sensation que ce cadeau, je me le suis offert toute seule. Après je ne vais pas te dire que j'ai une énorme confiance en moi, ce serait mentir, il m'arrive certains jours de ne pas me trouver jolie, de me trouver fatiguée, un peu terne mais ça va quand même mieux qu'il y a quelques années.

Mieux vaut tard que jamais comme on dit ! Bref, c'est un exemple parmi tant d'autres de ce que j'ai vécu pendant deux décennies. Il y a une phrase qui dit que certaines personnes ressentent le besoin d'écraser les autres pour briller, et bien c'est véridique. La compétition est rentrée dans les codes quoi qu'on dise. Quelle énormité ! Je ne me suis jamais amusée à dénigrer quelqu'un en public et quand je me comparais, ce fut tout le temps à mon désavantage. Je ne suis pas le genre de fille qui se fait des compliments facilement.

Je pars du principe que tout part de l'éducation que vous avez reçue. Personnellement, chez moi, on pratique la bienveillance, la compréhension, l'écoute, le partage.... Aujourd'hui dans la société, où nous sommes, c'est chacun pour soi hélas. Pour resserrer les liens, il faut que des épisodes traumatisants et préoccupants comme le Covid surviennent. Personnellement, je trouve ça triste et décevant. Je me rappelle de cette entraide dont nous avions fait tous et toutes preuve pendant le confinement, les musiques, les applaudissements au balcon, les bougies.

C'est sans doute dans ces moments, que l'on prend conscience de la valeur des gens, et de leur dévouement envers les autres.

Moi ce qui m'a toujours le plus touchée, blessée, ce sont ces fameux regards, ces rires, ces moqueries, ces gestes..... J'en ai fait une overdose, et aujourd'hui, encore je me rappelle de chaque visage, de chaque nom.....

Tous ces épisodes traumatiques, mon parcours, mes mauvaises rencontres sont remontées à la surface ces dernières années. Bizarrement, ils ont commencé à revenir ces trois dernières années, comme si mon corps reculait l'échéance, qu'il luttait en permanence pour ne rien laisser sortir. Et puis un jour, il en a eu marre et a commencé à s'exprimer à travers l'anorexie avec ce besoin de ne rien garder pour lui, de s'alléger sans cesse. Raisonnement bizarre tu me diras, mais que veux-tu, le corps exprime parfois ce que la parole se refuse d'avouer.

Il y a quelques années, j'ai commencé à me rendre chez une hypnothérapeute et c'est à partir de là que tout est remonté à la surface .... Les séances d'hypnothérapie n'ont pas eu les effets escomptés. J'ai changé de comportement envers mon entourage, je suis devenue agressive, j'étais sur la défensive en permanence comme si j'étais une véritable cocotte minute, comme si la libération était urgente et vitale pour mon bien-être. J'ai fait deux ou trois séances et j'ai décidé de ne pas poursuivre car je me rendais bien compte que les effets étaient néfastes pour ma mère et moi. J'étais méconnaissable, moi qui aies toujours été fusionnelle avec ma mère, je m'en prenais à elle pour tout et n'importe quoi. Elle était devenue mon bouc-émissaire de façon involontaire et inconsciente.

Aujourd'hui, si vous saviez à quel point je regrette de m'en être prise à elle, de lui avoir fait subir les conséquences de mon mal-être.... Avec le recul, je me dis que nos disputes étaient dues à son inquiétude de mère. Elle agissait pour mon bien, mais moi j'étais prisonnière de ce passé et je n'avais pas conscience du mal que je pouvais faire aux autres en plus de m'en faire à moi-même.

Aujourd'hui, heureusement, nous avons retrouvé une relation saine, apaisante, de confiance avec de la complicité, des rires et j'avoue que ça m'avait manqué. Vous savez

143

quand on traverse une période complexe comme toutes celles que j'ai vécues, qui, mieux qu'une mère peut vous comprendre ? Qui mieux qu'une mère peut trouver les mots. L'autre jour, quand j'ai parlé de cette culpabilité vis à vis de ma mère à ma psy, elle m'a dit « oui mais si vous avez agi de cette façon, c'est parce que vous n'alliez pas bien. »

Alors oui certes, mais ma mère a toujours été là, dans les bons comme dans les mauvais moments. Et je me dis que vraiment, si elle n'était pas là certains jours, ça aurait été très compliqué pour moi. Elle, seule, peut voir et entendre certaines choses. Durant ma dépression, elle m'a vue dans des états indescriptibles, des moments de crises intenses et profondes. Il faut beaucoup de courage pour accompagner une personne dépressive et quand, c'est votre fille qui ne va pas bien, forcément, ça vous blesse au plus profond de vous même. Votre cœur de mère en prend un sacré coup !

Je me rappelle de la fois où j'ai posé la question à ma thérapeute, pour savoir si j'étais dépressive ou pas ? Et elle m'a dit que tous mes symptômes s'apparentaient à cette maladie. C'est en allant voir mon médecin que j'ai été diagnostiquée officiellement suite à un questionnaire. Je n'en ai pas parlé sur les réseaux, je n'avais pas la force d'aborder le sujet, et je n'étais pas prête. je crois qu'inconsciemment j'avais peur d'être perçue comme la fille « mal dans sa peau » et rien de plus. Je n'avais pas envie qu'on me colle cette étiquette de la « fille paumée », le fait d'être mal, c'est vraiment dévalorisant et ce n'est pas ce que je voulais que l'on retienne de moi.

Avec l'écriture de ce livre, et l'expression de mes émotions, j'apprends à lâcher prise, quitte à déplaire aux haters. Jusqu'à présent, ce que l'on retenait de moi, c'était l'image d'une fille naturelle, sérieuse, joyeuse.... Ai-je eu tort de cacher tout cela jusqu'à présent, je ne pense pas, je pense que cette décision m'appartenait et surtout j'avais besoin de me retrouver face à moi-même, d'être focus sur mes projets. Pendant quelques mois, je me suis littéralement coupée de ma famille, je ne voulais voir personne, ce n'était pas contre eux ni à cause d'eux, mais je n'avais pas le cœur à tout ça.

Il fallait déjà que je me concentre sur moi, il était nécessaire de réapprendre à vivre, de me donner de l'importance en commençant pas des bases saines, à savoir apprendre à s'accepter, physiquement, moralement. J'avais besoin de couper, d'appuyer sur le bouton « pause » ! Le seul contact que j'avais, ce fut avec ma maman, ma sœur et mon père. De ce fait, je devais me battre contre l'anorexie ainsi que la dépression.

C'est là que j'ai commencé à écrire, j'avais déjà essayé par le passé, sur les conseils de l'hypnothérapeute, qui m'avait dit que je devais écrire une lettre à mon frère, pour guérir de cette relation toxique entretenue avec lui pendant plus d'un an. Je l'ai écrite mais je ne l'ai pas envoyée, j'aurais du la brûler, je savais que si je l'envoyais, il verrait ça comme une possibilité de reprendre contact et peut-être comme un potentiel « pardon », sauf qu'il n'en était rien. À cette époque, cet exercice ne m'avait pas soulagé et me paraissait futile.

Pour combattre la maladie, je devais plusieurs moyens de

me soigner en prenant le temps et en faisant de moi, l'actrice de ma propre vie et plus la spectatrice. Je suis fière de la petite routine matinale que j'ai mise en place. J'écoute mon corps, mes besoins. Je fais preuve d'amour envers moi-même en préparant des petites assiettes gourmandes et colorées. Tout a un sens, je fais de moi, ma priorité. Pendant quelques mois, je me suis coupée de l'extérieur, je sortais très peu, à part pour faire les courses. J'avais besoin d'être vraiment focus sur mes objectifs et mes émotions. J'ai d'ailleurs eu du mal avec le fait de vivre mes bad mood pleinement. Comme m'a dit ma psychologue, « maintenant, c'est un combat contre vous-même que vous menez, vous n'êtes plus face aux enfants harceleurs, mais face à vous-même ».

Et très franchement, c'est bizarre, quand on se bat contre les autres, les choses sont claires et nettes. Mais quand on lutte contre soi-même, c'est plus compliqué dans le sens, où on a parfois du mal à trouver contre quoi l'on se bat, à lâcher prise, à vivre nos émotions pleinement, sans essayer de les refouler, de tout vouloir contrôler. Il faut laisser parler son corps. Je m'en suis voulu d'être dans cet état. J'avais ce sentiment de culpabilité face à mes émotions et aussi par rapport à mon travail. Certains jours, j'étais incapable d'être productive en raison de mon état mental, et le fait de ne pas avancer me rendait en colère, triste, je me décevais profondément. Je suis quelqu'un qui a besoin d'être active et productive pour être fière d'elle, j'ai parfois l'impression de ne pas en faire assez, de ne pas faire bien. Je m'en demande beaucoup, j'ai tendance à oublier que je souffre de dépression par moment.

J'ai compris que lorsque l'on fait une dépression, les meilleurs ennemis sont l'incompréhension, la lutte. Il fallait que je traverse tout ça avec abnégation et détermination.

J'ai souvent entendu dire qu'il faut passer par le pire pour obtenir le meilleur. C'était dur à admettre, mais j'avais fini par croire que cette souffrance était nécessaire pour mon avancement. J'ai même vu un tik tok qui confirmait cette théorie, à savoir que c'est dans la souffrance que l'on se construit, que l'on apprend le plus.

Je devais accepter d'aller mal, ne pas culpabiliser de ne rien faire, être compréhensive avec moi-même. Mes humeurs étaient devenues cycliques et c'était franchement déstabilisant, frustrant surtout quand j'avais passé une bonne journée la veille, j'avais l'impression de ne pas avancer, de ne pas faire de progrès, de stagner en permanence. J'en étais arrivée à un point, où je pleurais à la moindre petite réflexion ou pensée négative. Mon corps me disait Stop !

De toute façon, c'est lui qui gagnerait au final !

J'avais besoin de souffler, de penser à autre chose. Dans cette période de dépression, vous avez besoin d'être rassurée pour la moindre petite chose. Tenez ! Par exemple, les progrès en développement personnel et santé mentale....

J'avais et j'ai toujours le besoin de savoir si ce que je pense être un progrès en est vraiment un! Alors je demande à ma mère, à ma sœur, si elles observent des changements visibles chez moi. Et à chaque fois, elles disent que oui.

J'avais et j'ai toujours besoin de cette reconnaissance. C'est une nécessité pour moi, d'entendre ces voix qui me disent « ça va aller, promis ».

Je me suis mise à lire des phrases positives, à me noyer dans des livres de développement personnel, chose que je ne faisais pas du tout auparavant. Comme quoi, une maladie peut vous changer du tout au tout dans vos habitudes, vos réflexes. Je crois même qu'elle vous permet de décupler toute votre force mentale, c'est là que vous montrez ce que vous avez dans le ventre. Vous mettez en avant votre potentiel, vous vous testez inconsciemment. Comme quoi même dans les moments les plus sombres, on souffre, on est perdu, on se pose une multitude de questions, mais on se découvre, on apprend, on se surpasse.....Tout n'est pas noir. Je suis contente d'en avoir conscience, c'est déjà un très grand pas en avant.

Être gentille mais ne pas se laisser faire !

Cette revanche sur la méchanceté, j'allais la prendre également sur un de mes réseaux sociaux. Chaque jour, je poste des publications sur mes humeurs avec des photos de moi.

Contrairement aux autres applications, je me sens plus libre d'écrire mes émotions, de partager mes ressentis, des citations, de réagir à des débats, je me sens enfin libre sur une plate-forme. Je m'exprime sur des sujets de société en étant moi-même, complètement authentique.

Je sais que personnellement, avant d'entreprendre une thérapie, j'avais du mal à exprimer mes émotions de façon tout à fait libre, mais aujourd'hui, je suis une vraie pipelette, j'ai appris à libérer ma parole. Je ne m'interdis plus de dire ce que je pense et dieu sait que ça fait du bien d'exprimer son point de vue, d'exister même si ça déplaît par moment.

Au bout de deux mois, j'ai commencé à avoir des commentaires haineux sur mes publications. Les threaders trouvaient de quoi redire sur mon physique, sur le style de photos que je postais, m'insultant parfois, m'inventant même une vie par moment. Quand on est sensible comme moi, au début, ça peut être compliqué de gérer ce genre de réaction, puis on finit par se convaincre que ces personnes là sont jalouses, envieuses et frustrées. Et on se rend compte que contrairement à elles, nous avons des valeurs, que nous sommes des personnes bienveillantes. L'arrivée des haters c'est quelque part « bon signe », généralement quand on commence à prendre de l'importance sur un réseau, ça dérange et donc ça suscite des critiques qui sont la plupart du temps infondées.

Ces abonnés « malveillants » ne se rendent pas compte qu'ils sont les créateurs de notre « visibilité » et donc que finalement, ils servent nos intérêts. Par conséquent, c'est un mal pour un bien et puis très honnêtement, je commence à m'y faire. Là où j'ai progressé, c'est dans ma façon de réagir face à tout ça, je ne me vexe plus et surtout je ne me laisse plus faire.

J'ai été élevée dans un foyer où la méchanceté, l'attaque ne font pas partie des valeurs inculquées. Mes parents nous ont toujours appris à ma sœur et moi le partage, la bienveillance, l'acceptation, la communication. Chez nous, il n'y avait pas de punition, pas de privation, c'était comme ça, mes parents étaient cool tout en ayant fixé des limites ! Quand je ramenais une mauvaise note en maths, mes parents ne me disputaient pas, ne me punissaient pas.... Au contraire, ils savaient pertinemment que ce n'était pas mon terrain d'excellence, ils connaissaient mes points forts et mes points faibles. Quand il y avait un désaccord, une incompréhension, ou quelque chose n'allait pas, nous parlions et on réglait tout cela par la communication. J'aime cet état d'esprit, si un jour, j'ai la chance d'être maman, je pense que c'est le style d'éducation que je mettrai en place.

Mais en résumé, j'en avais marre de ces remarques puériles sur les réseaux et quand j'avais quelque chose à dire, je le faisais de façon ferme et sans détour. Au moment où j'écris, j'ai beaucoup de colère en moi, ce matin, j'ai eu affaire à un homme qui a osé dire que les personnes qui souffrent moralement n'ont pas à imposer leurs souffrances, il a dit je cite « si problèmes dans la tête, consultation, psychologue, psychiatre, c'est la mode et très tendance..... ». Et il a fini avec un émoji qui rigole.

En fait le ton ironique et la façon de minimiser la souffrance des gens me fait rentrer dans une colère terrible, je suis désolée de m'exprimer ainsi mais je ne comprends pas qu'on ne puisse pas accorder de valeur à quelqu'un qui va mal, qui cherche à s'en sortir. Les personnes qui présentent un mal-être sont considérées parfois comme « un animal », « une bête » dont il ne faut pas s'approcher comme si le mal-être était contagieux. J'ai l'impression de revenir des années en arrière, à l'époque de mon harcèlement quand les gens cherchaient à me fuir, à ne pas vouloir passer du temps avec moi. Les gens ne se rendent pas compte que les mots ont un impact psychologique sur une personne, et qu'ils peuvent être parfois irrémédiables. Plus j'avance dans la vie, et plus je me rends compte qu'on vit dans une société qui est dans l'individualisme.

C'est comme si quelque part, il faudrait s'excuser d'avoir subi du harcèlement, il faudrait s'excuser du mal que les autres nous ont fait. Comme si nous étions des personnes honteuses, d'avoir subi, d'avoir enduré. Mais où est la morale dans tout cela, où est le bon sens ? Il n'y en a pas, ne cherchez pas ! Bien-sûr sur les réseaux sociaux, c'est facile de déverser de la haine, de la méchanceté, on est protégé par un écran, par une fausse photo de profil, mais dans la vie réelle, ces mêmes personnes seraient-elles capables de faire preuve d'autant d'audace et de culot ? Très sincèrement, je ne le pense pas.

Comme tout le monde, j'ai un avis, une pensée, une façon de voir les choses, mais il ne me viendrait même pas à l'esprit de critiquer les gens dans le but de les blesser sur leurs choix de vie, d'écrire ça noir sur blanc. Pour moi, ça n'a aucun sens, je pars du principe, que mon énergie doit être consacrée à mon combat personnel, à mon épanouissement plutôt que de déverser des propos blessants, gratuits.....

155

Je ne suis pas parfaite, mais je sais que je ne suis pas méchante, ça c'est une certitude !

Avec le temps aussi j'avais compris que ce que l'on aimait chez moi, c'était mon physique, et en même temps, il y avait une certaine logique dans tout ça. Attention, je ne dis pas que je suis spécialement « belle », je dis juste que sur les réseaux, ce que l'on perçoit directement, c'est ça forcément. On ne connaît pas réellement la personne pour ce qu'elle est dans la vie réelle. Et je crois d'ailleurs, que c'est pour ça que les abonnés se tournent plus vers des créateurs de contenu qui sont « spontanés, naturels » ils aiment savoir qui, ils suivent, si la personne est digne de confiance, de sérieux. Moi-même, je ne suis pas des créateurs de contenu qui font des manières, qui jouent sur le terrain de l'apparence, qui te font croire que tout est beau, tout est rose. J'aime les créateurs de contenu qui restent humbles, sincères, humains, authentiques, qui ne te cachent pas leurs états d'âme....

Un créateur de contenu qui ne te montre jamais ses

émotions, jamais ses échecs, qui n'expriment jamais ses doutes, c'est mauvais signe quelque part et le principe est de pouvoir s'identifier facilement à ses personnes qui sont sensées partager leur quotidien. Le faste, les apparences ce n'est pas ce que recherchent les abonnés.

Une année éprouvante et périlleuse

En ce qui me concerne, j'ai eu des périodes compliquées, avec une baisse de motivation, de morale, et une fatigue mentale énorme. J'étais vraiment à bout !

Fin 2023, j'ai mis en place un accompagnement avec le service du « Creder » pour ma micro-entreprise. Vous savez quand on est seule, que l'on travaille dans un domaine où l'on a appris sur le tas et que nous n'avons pas forcément les contacts, ni l'audience escomptée, ce qui est normal car on débute tous un jour, il est normal de demander de l'aide. Suite au premier entretien, nous avons convenu avec ma conseillère de faire publier mon mémoire de master. Il a fallu que je retape les 500 pages de mon livre car je n'avais plus la version électronique. Tout ce travail me paraissait colossal rien qu'à l'idée d'y penser, mais je voulais me lancer ce challenge. Je crois qu'inconsciemment, j'adore me lancer des nouveaux défis, de manière à me rendre fière de moi. Et puis finalement en m'y mettant un peu tous les jours, j'ai mis 3 mois à le retranscrire sur mon ordinateur. Je me lançais également dans l'année 2024 avec un deuxième projet, mais celui-ci je partais totalement de zéro tout en ayant déjà les cartes en main.

Pour ceux qui me suivent depuis un certain temps, vous savez que la cuisine fait partie de mon histoire familiale, c'est donc tout naturellement que j'ai décidé d'écrire un livre de recettes très personnel « Emilissime Héritage Gourmand » ! Je ne voulais pas que mon livre soit comme les autres avec des recettes mises bout à bout. Je voulais consacrer ce livre à des souvenirs d'enfance, à des anecdotes, y raconter une part de mon enfance, l'influence de la cuisine dans ma famille. Je voulais vraiment le personnaliser à ma façon. Je crois qu'inconsciemment, je n'aime pas faire comme les autres. « Être divergente » c'est un peu ma marque de fabrique, ma petite touche à moi. Je crois que ce que j'aurais voulu dans le fond, c'est être acceptée pour cette « différence », aujourd'hui je ne laisse plus le choix. Soi tu me fréquentes par envie, soi tu me fréquentes pas du tout. Je n'ai plus envie de faire semblant, de me cacher, de m'inventer une vie. La mienne est loin d'être parfaite à l'heure actuelle, mais je sais que la moindre petite victoire, je ne la dois qu'à une seule et même personne, moi !

Un Mal Douloureux !

Vivre avec des angoisses, des phobies, des pensées négatives n'est vraiment pas chose facile.

J'en avais déjà fait par le passé, mais elles n'étaient pas aussi lourdes, pesantes et étouffantes. Je ne souhaite cela à personne. Chez moi les sensations physiques sont très intenses et douloureuses. Il suffit qu'un événement perturbant, une peur, une phobie me viennent à l'esprit pour que mes crises se déclenchent, elles sont suivies de peurs, je suffoque, j'ai du mal à respirer. Une douleur m'envahit dans tout le corps, me prend à la gorge, un peu comme si j'avais un « volcan en éruption » en moi avec ces sensations de brûlures, je finis par ne plus arriver à parler, les forces physiques me manquent, je n'ai plus de goût à rien. Je rentre dans un mutisme profond. Si jamais cela vous arrive, il est préférable de ne jamais être seul, si c'est possible bien-sûr.

Durant les premiers mois de 2024, cela a été très compliqué pour moi, physiquement et moralement. Déjà, je me suis mise la pression avec les deux gros projets que j'ai eu à réaliser pour cette année, ça, plus, la déprime de l'hiver, la peur de ne pas y arriver, cette sensation d'être perdue dans sa vie professionnelle et personnelle. Je ne vivais pas, je survivais, chaque jour était une épreuve, je n'avais envie de rien. Je vivais au jour le jour ne sachant pas si cette journée allait être horrible ou apaisante. C'est angoissant de vivre dans l'incertitude du lendemain, de ne pas pouvoir se projeter.

S'accepter physiquement : un pied de nez au passé

Ayant très peu confiance en moi, j'ai toujours eu besoin de l'approbation, de l'avis des autres pour vivre. Je n'arrivais pas à prendre des décisions seule. Je ne vivais pas pour moi, je vivais à travers les autres.

Par exemple, j'étais incapable d'aller dans une boutique de vêtements et de décider d'acheter quelque chose, je demandais toujours l'avis de ma sœur, de ma mère. Je finissais toujours par céder à ce qu'elle me disait si elles me conseillaient de ne pas prendre l'article en question. Aujourd'hui, ça va un peu mieux.

Étant plus jeune, j'ai même eu le syndrome de « l'achat compulsif », j'avais du mal à partir d'une boutique sans rien n'acheter, j'avais parfois besoin de ça pour passer une bonne journée. Je prenais cela pour du réconfort, j'avais la nécessité de me faire plaisir sans doute pour compenser sur le reste, le manque d'amis, le manque de vie sociale. Je pensais que les nouveaux vêtements allaient me donner de la valeur, que le fait d'avoir de nouvelles choses allaient me rendre plus heureuse, à cette époque j'étais beaucoup plus matérialiste qu'aujourd'hui. C'est en prenant de l'âge que tu prends conscience que le matériel n'a rien à voir dans tout ça. Avec le recul, tu finis par attacher plus d'importance à la présence d'une personne, à la valeur d'un instant plutôt qu'à la possession d'un simple objet qui ne va pas changer ton quotidien.

Le plus grand progrès que j'avais réussi à faire, et pas des moindres, c'était de m'accepter physiquement. Suite à l'anorexie, il a fallu que je me remette sur pied, et que je me fabrique une nouvelle silhouette.

Ça n'a pas été une période facile, je l'appréhendais énormément. Voir son corps changer et évoluer, ça me faisait peur, il fallait que je lâche prise, que je le nourrisse correctement, tout ce que je n'avais pas fait jusqu'à présent. Je ne savais pas si j'allais l'accepter et l'aimer. Pendant la maladie, tu es dans un état d'euphorie, c'est toi qui décide jusqu'au jour où ta santé te rattrape. Et là, en essayant de reprendre du poids, c'est comme si je sortais de ma zone de confort et que je laissais mon corps décider et me dire ce dont il avait besoin.

« Lâcher prise », c'était vraiment un exercice compliqué pour moi. Je me l'étais interdit toute ma vie. J'ai très vite repris du poids, ma mère était rassurée, je m'éloignais du pire. Je reprenais petit à petit goût à la vie et surtout je voyais mon corps changer et ça c'était une grande satisfaction. J'étais moins agressive envers ma mère et ça aussi, ça me changeait la vie. L'apaisement est revenu petit à petit. Quand on souffre de cette pathologie, au début on a l'impression d'être heureux car c'est nous qui contrôlons et qui dictons nos gestes. On habitue notre corps à se contenter de peu et on formate notre cerveau à la même chose et puis petit à petit le piège se referme sur nous.

Après pour en sortir, c'est très complexe, il faut un entourage bienveillant, compréhensif, patient. Ne vous dîtes pas que vous allez vous en sortir comme ça. On plonge très vite dans cette maladie mais on s'en relève plus difficilement malheureusement, ce qui ne m'empêche pas de se dire que c'est possible mais surtout progressif ! Il faut faire preuve de compréhension envers soi-même.

Contrairement à ce que je pensais, la reprise de poids n'a pas été si terrible, j'ai eu un mouvement de panique quand j'ai vu mon visage s'arrondir un peu plus, le problème c'est que la prise de poids n'est pas ciblée. Bizarrement, ça ne me dérangeait pas de prendre du poids à certains endroits mais je ne voulais pas avoir des joues plus rondes, ça me rappelait trop de mauvais souvenirs. J'associais cette peur au fait que quand j'étais petite, on me pinçait les joues pour se moquer de mon visage joufflu.

Ce qui est consternant aujourd'hui, c'est de vivre dans un monde d'apparence, qui n'accorde aucune valeur à l'humain ou alors très peu et de façon exceptionnelle. Je pars toujours du principe que l'on peut avoir un physique de rêve et une mentalité très étroite, comme on peut un physique banal et avoir une personnalité solaire, une largeur d'esprit qui nous fait aimer de tous et nous rend indispensable dans la vie de quelqu'un.

Dans un monde de « paraître », basé essentiellement sur le physique d'une personne, il est compliqué d'avoir une véritable identité et de s'y tenir. On devrait rentrer dans des cases et ne pas en sortir sous peine d'être critiqué. Seulement, la réflexion que je me fais, c'est de savoir : Si on vit une vie qui n'est pas la nôtre, quel est l'intérêt ? Si on joue un rôle, les autres ne sauront jamais qui nous sommes réellement et nous aimerons pour une version de nous qui n'existe pas en vérité.

En parlant de ça, mon père me disait l'autre jour pour parler de tout ce qui est « conformisme » qu'à son époque, si on ne fumait pas, c'était mal vu, qu'on avait peu de chance avec les filles, que c'était la mode. Ah la la misère ! Aujourd'hui, c'est la même chose, on a pas vraiment évoluer. Si on a le malheur de ne pas faire comme les autres, aïe, aïe, aïe......

Des fois j'ai envie de dire à toutes ces personnes qui ne

jugent « Et si j'ai pas envie de faire comme toi, tu vas faire quoi ? Tu vas me mettre sous cloche ? M'exposer dans un musée ? Me mettre dans un zoo et me lancer des cacahuètes..... ». Oh ! Pardon d'extrapoler tout ça, mais c'est vraiment quelque chose qui me dépasse.

Pourquoi devrait-on faire comme tout le monde ? Pourquoi devrait-on penser comme tout le monde ?

Faire comme tout le monde, c'est se mentir à soi-même et aux autres, prendre le risque de vivre une vie qui n'est pas la nôtre.

Alors malheureusement dans une société qui n'est pas prête de changer, c'est complexe, quoique tu fasses, quoique tu penses, quoique que tu dises, on te jugera, et ça je dois avouer que c'est dur à intégrer. Certains jugements sont comme des coups, ils font très mal.

La solitude : un luxe, une fatalité, un choix....

Au moment où j'écris ces lignes, nous sommes en mai, j'ai eu 30 ans il y a deux jours. Si tu savais ce que j'ai appréhendé cette décennie. Je n'avais pas envie de fêter mon anniversaire, le jour même, j'étais seule dans Bordeaux. Ça peut paraître triste, mais des fois ces moments de solitude sont bénéfiques, pour faire le point. Je dois avouer que des fois c'est oppressant, angoissant et des fois c'est réconfortant, mais je n'ai plus peur de faire des choses seule, je les fais même avec plaisir et je trouve que c'est rassurant de prendre plaisir à ce genre de rituel. D'ailleurs, ce matin, je regardais les clients chez Starbucks.

Rares sont ceux qui viennent en groupe ou à deux, la plupart du temps, les clients sont seuls, chacun à une table. La solitude est presque devenue un luxe, une thérapie. Le fossé se creuse vraiment de plus en plus. Alors des fois c'est volontaire, reposant puis des fois, on a tout simplement pas le choix, dans mon cas, les deux raisons sont vraies. Tu vas sans doute me prendre pour une folle, mais j'adore regarder les gens autour de moi, les regarder vivre, tout simplement. Alors tu vas me dire : Mais tu es étrange ! Non ce n'est pas du « voyeurisme », c'est juste une façon de m'intéresser aux autres.

C'est d'ailleurs un des seules moments où j'ose lever le regard et observer les gens. J'essaie de capter chaque détails. Si on me sourit, je rends ce sourire....

Je sais que les choses banales sont jugées ridicules, mais je peux t'assurer que le regard bienveillant d'une personne, un « merci », un « je vous en prie », un « bonjour » font du bien, car ils sont la base de notre éducation, de notre savoir-vivre. Les petites attentions, les petits gestes, les compliments, l'entraide sont parfois dans les petits détails. Plus le temps passe et moins nous avons de considération les uns pour les autres....

Chaque jour, il y a des podcast, des vidéos en « positive mindset », des coachs en développement personnel qui nous rappellent les bases de la vie en communauté mais ce n'est pas pour autant que les gens changent de mentalité.

J'ai payé trop cher la fausse compagnie. Je me suis souvent sentie de trop dans un groupe, j'avais l'impression d'être le boulet qu'on se traîne et qu'on accueille à contre cœur, par pitié. C'est tout naturellement que je me suis retrouvée très vite seule. Alors aujourd'hui, quand on me dit, mais pourquoi, tu es tout le temps toute seule ? Euh, comment te dire que la nature humaine m'a souvent déçue et qu'au moins en étant seule, je suis sûre de ne me fâcher avec personne, de ne rien devoir à personne et de ne pas me décevoir. C'est peut-être triste mais c'est comme ça. Alors oui, il y a des moments, où j'ai besoin d'être entourée, mais je crois que le fait de côtoyer des personnes qui s'avèrent fausses, intéressées, ça calme et surtout ça met du plomb dans la tête...

Alors, oui ! Bien-sûr, qu'il existe des personnes gentilles, mais il faut avouer que l'espèce se fait rare. Tu sais ces gens qui t'accueilleront sans jugement, sans regard déplaisant,

171

sans reproche, sans moquerie. En fait, rares sont ceux qui ont vécu des histoires similaires et qui seront capables de te comprendre. Plus on souffre, plus on a la tête sur les épaules, le recul nécessaire et la maturité pour voir au-delà des apparences.

Tout est fait dans ce monde pour éloigner les gens les uns des autres, la télé, les réseaux sociaux, la publicité. Les complexes naissent de tous ces médias. Alors bien-sûr, tu vas me dire « oui mais toi tu travailles sur les réseaux, pourquoi les dénigrer autant ? ». Et bien je te dirais, que ce n'est pas l'idée que je me fais d'un réseau, pour moi, c'est une façon de communiquer, d'en apprendre davantage sur le monde qui nous entoure, mais ça ne doit pas nous détourner des choses essentielles. Ça ne doit pas prendre un tournant négatif dans nos vies, ça ne doit pas nous éloigner les uns des autres, les réseaux ne sont pas faits pour régler des comptes, humilier... Les réseaux, les nouvelles façons de communiquer sont malheureusement devenues des moyens de s'en prendre aux autres, ce qui est vraiment dommage dans une époque comme la nôtre.

Il y a quelques temps, je me suis mise à faire des vidéos sur le développement personnel. Ces vidéos ont du bon, car elles me permettent d'extérioriser sur des sujets qui me semblent intéressants pour contribuer à mon bien-être. Maintenant, c'est même le contenu que je préfère, poser ma voix sur ces vidéos, te proposer un contenu en te montrant une part de moi, de mes progrès, de mon authenticité. Je parle à cœur ouvert et dieu sait que ça fait du bien de dire ce que l'on pense et de crier ce qui compte pour soi.

Ce matin, j'ai pris conscience que les gens prennent de plus en plus soin d'eux. Les livres sur le développement personnel se multiplient, les gens sont à la quête de leur propre bonheur. On vit dans un monde où les gens font parfois semblant d'aller bien et pourtant les psychologues et psychiatres sont surchargés. C'est même de pire en pire. Certains se mettent à entreprendre des démarches pour aller bien et puis d'autres restent dans le déni. Je ne juge pas, car il faut comprendre que c'est parfois une décision difficile à prendre pour certains. Combien de gens de nos jours osent dire qu'ils vont voir une psy ? Beaucoup moins qu'on ne le pense malheureusement.

Personnellement, je me libère par l'écriture, la parole, j'évacue tout ce que je dois évacuer pour me sentir plus légère. Alors des fois, on me prend pour une folle, ça tu me diras, ça ne change pas beaucoup, des fois on m'approuve, on me trouve courageuse. Je suis en train d'emprunter un chemin qui s'avère sinueux mais nécessaire pour ma reconstruction et mon épanouissement personnel. J'ose de plus en plus dire ce que je pense sur les réseaux. Si je devais être honnête, je ne sais pas si j'en serais capable dans la vie réelle, j'ai bien conscience que l'écran protège d'une certaine façon. Je pense que c'est progressif, que c'est un cheminement, mais de façon volontaire mon corps se refuse de garder tout pour lui, il a déjà beaucoup supporté.

J'essaie de faire passer des messages à travers mes réseaux pour sensibiliser les autres. Il y a quelques mois, j'ai failli publier une vidéo sur les désagréments de l'anorexie et puis finalement, je ne l'ai pas fait, je me suis rétractée, peut-être qu'inconsciemment j'avais peur des retombées de cette vidéo. Ou bien tout simplement, que je n'étais pas prête et puis je pense qu'il est parfois plus simple de s'exprimer à l'écrit qu'à l'oral.

Aujourd'hui, quand on s'exprime sur des sujets sensibles qui nous touchent personnellement, on est jugé « trop sensible », les gens peuvent vous dire que si vous faîtes ce genre de contenu, c'est pour se rendre intéressant, pour se faire plaindre. Il faudrait se taire, ne pas évoquer son passé, sauf que pour moi, ne pas l'assumer, c'est renier la personne que l'on est. Et dans mon cas, j'aurais toujours cette étiquette de la fille « harcelée », « blessée » par les autres, jugée de façon trop hâtive et même si j'essaie de tourner la page, cette histoire fera toujours partie de mon caractère, de la femme que je suis. Une fois sur le réseau Threads, je me souviens, une femme m'a même dit que j'étais « une assistée de l'état ». Sur le coup, j'ai rigolé et j'ai ressenti aussi de l'incompréhension, de la colère. Je ne comprends pas les gens qui n'ont aucun sentiment face aux gens plus sensibles qu'eux.

J'ai plus d'indulgence et d'ouverture d'esprit sur les autres sans doute en raison de ça. Je sais trop ce que c'est de souffrir, de se demander si on va finir par sortir de l'enfer, si on va se mettre à nous considérer un jour. Et ça, c'est vraiment quelque chose que j'aime chez moi, cette faculté de ne pas être mauvaise, d'être plus sensible à l'histoire d'une personne.

J'ai un entourage bienveillant : Quelle chance !

Hier, j'ai eu une discussion avec ma petite sœur qui a un peu plus de 4 ans de moins que moi et parfois, il m'arrive de lui demander son avis sur telle ou telle chose. Ce qu'il faut savoir, c'est que nous sommes vraiment à l'extrême opposé l'une de l'autre. C'est une jeune femme au caractère bien trempé, extravertie, un vrai « petit clown », qui n'est pas timide. On aime se confier à elle, car c'est une femme qui sait écouter, qui ne juge pas. Elle a vécu déjà beaucoup de choses du haut de ses 25 ans. J'aime bien parler avec elle, comme je peux le faire avec ma mère. C'est une personne auprès de laquelle je prends souvent des conseils, car ma mère, a elle même, été victime de harcèlement scolaire étant plus jeune. Elle a donc un vécu et un recul sur les choses, cependant elle a trouvé la force de sortir de ce traumatisme avec l'aide de ma grand-mère. Je comprends d'où je tiens mon tempérament de jeune femme trop « gentille », jugée trop « sensible », je dis bien « trop sensible » car dans le monde où nous vivons, les choses qui sont de base « normales » sont considérées comme étranges.

Les qualités morales sont vraiment dépréciées, et oui, c'est pure vérité.... C'est aberrant mais véridique ! Aujourd'hui, quand on est gentille, serviable, aimable, on passe pour un extra-terrestre ! La gentillesse, l'éducation sont devenues des choses si rares que lorsque l'on se retrouve nez à nez avec une personne polie, bienveillante, on est toute suite choqué. On a perdu l'habitude des jolies choses et des gens bien éduqués.

Mon caractère, je le tiens de mon père qui a toujours été trop gentil. C'est un homme qui doit tout ce qu'il sait à lui seul, c'est un autodidacte, qui a travaillé dur pour percer dans la cuisine, diriger une brigade. Il a même souffert de cette même solitude durant ses années d'apprentissage, de la rigueur du métier de cuisinier qui demande beaucoup de discipline. J'ai toujours vu la cuisine comme un milieu très stricte. Et je me retrouve totalement dans le caractère de mon père, qui n'a jamais été méchant avec qui que ce soit.

C'est véritablement un homme qui ne ferait pas de mal à une mouche.

Quant à ma mère, c'est une femme courageuse qui a du, affronter elle aussi les railleries de ses camarades étant plus jeune. Le harcèlement scolaire était déjà présent. Elle a même du arrêter l'école et suivre des cours par correspondance pour mettre fin à ce cauchemar. Aujourd'hui, elle a complètement occulté toute cette période de sa vie, elle ne se souvient absolument pas de cette partie là de son existence, elle a fait ce que l'on appelle une « amnésie sélective », le traumatisme était tellement profond, qu'inconsciemment son cerveau a choisi de faire comme un black-out sur toute cette période. Elle ne garde que des flashs et des scènes violentes de cette époque. Et je dois dire que moi aussi j'aurais aimé oublier toute cette partie sombre de ma vie, mais c'est comme ça, je me rappelle de tout.

C'est ancré en moi et ça me suivra toute ma vie. Je dois apprendre à vivre avec et à en faire une force, un combat. Depuis que je suis sur le réseau Threads, je me rend compte que le harcèlement scolaire est vraiment conséquent, avec toutes les personnes que cela a touché. Le problème c'est qu'on le laisse persister.

Alors bien-sûr depuis des années, certaines choses ont été mises en place, on sensibilise un peu plus les jeunes, des campagnes contre le harcèlement ont été faites, mais il y a encore tellement de personnes qui subissent ce genre d'épreuves dans les cours de leur école, sur les réseaux sociaux. Il aura fallu du temps pour faire réagir les gens, du temps et surtout des faits-divers pour bousculer cette société.

J'ai beaucoup de chance d'avoir des parents sensibles, compréhensifs et patients qui ont aussi du affronter des périodes sombres similaires aux miennes, qui ont du subir l'abandon, la solitude, les moqueries....

En ayant déjà affronté ce genre de choses à des époques différentes, ils sont à même de m'apporter leur soutien ainsi que des conseils.

Ce livre, une thérapie et un tour de force.

Confidence pour confidence, je ne fais pas seulement ce livre pour moi, je le fais aussi pour t'alerter, pour sensibiliser autour de moi. Si mon expérience et mon ressenti peuvent permettre à certaines personnes de se sentir moins seule, de ne pas culpabiliser mais aussi d'essayer de comprendre certaines choses sur ces traumatismes et expériences alors, je n'aurais vraiment pas perdu mon temps. Personnellement, lorsque je suis tombée dans l'anorexie, le fait de regarder beaucoup de documentaires, de reportages sur le sujet m'a fait beaucoup de bien, c'est comme si inconsciemment ça me donnait une force, je me sentais moins seule. C'était un besoin, ma mère avait peur que ça me mine encore plus mais en fait c'était tout le contraire, ça m'aidait à guérir, à comprendre, à ne pas rechuter.

Il n'est pas évident de se confier, de coucher certains mots et d'assumer ce que l'on est mais ça s'avère nécessaire à un

181

certain stade de sa vie. Il est parfois bénéfique de faire le point, de passer un cap, de tourner une page. Assumer mon passé, c'est assumer également la femme que je suis, je ne me cache plus, je ne renie plus celle que je suis, je m'accepte avec mes peurs, mes doutes, mes angoisses, mes points de vue parfois divergents enfin si je suis toute à fait honnête, j'y travaille et je sais pertinemment que ça ne se fera pas comme ça. En même temps, je sais que si je veux avancer, je dois m'accepter comme je suis, et toutes les facettes de ma personnalité, la plus enjouée comme la plus torturée. Certains jours sont merveilleux et d'autres sont plus compliqués, c'est la vie, ce dont je suis sûre, c'est que je fais de mon mieux pour me battre contre tous ces démons.

En essayant de trouver ma place, c'est comme si je tentais un coup de force, pour obtenir celle qui était la mienne. Je pars du principe, que chacun a sa chance et ce n'est pas aux autres d'en décider. J'ai mis du temps à le comprendre , je suis le genre de femme qui s'excuse d'être là, qui se justifie beaucoup sur tout ce qu'elle fait, qui se sent souvent attaquée à la moindre réflexion.

Toutes ces épreuves m'ont forgé une susceptibilité dont j'ai beaucoup de mal à me défaire encore aujourd'hui. Je ne sais jamais si je dois prendre certaines blagues au premier ou au second degrés, je riposte parfois de façon excessive, c'est un peu comme une carapace, une façon de me défendre. Je reconnais que ce n'est pas toujours approprié, mais j'essaye de prendre du caractère de m'affirmer et j'ai tendance à confondre les deux malheureusement.

Il n'y a pas longtemps, quelqu'un m'a dit que j'étais autant légitime que les autres et même peut-être plus que certains autres....

J'ai encore du mal avec ce genre de choses, moi qui doute souvent, qui se pose une tonne de questions, pour ce qui est de la légitimité, je ne suis pas encore au point.

C'est souvent ce que je pense quand je réfléchis à mon travail sur les réseaux, je me pose des questions sur mon bon droit à créer du contenu, à savoir si je vais vous intéresser, si ma vie, mes pensées, ma façon de faire vont en choquer certains. Et puis finalement, je me suis dit que si la plupart de mes abonnés restent, c'est que finalement je dois leur apporter quelque chose. Le simple fait de voir certains commentaires où on me compare à un « petit soleil », me conforte dans cette idée. Et quel plus beau cadeau que de recevoir ce genre de message de la part de sa communauté. Je pense réellement être à ma place dans ce métier qui est le mien officiellement depuis presque 3 ans.

Il m'arrive parfois de douter, mais le plaisir de créer, de partager est toujours là. J'adore partager mes dernières trouvailles avec vous, réaliser de belles stories....Tout ça m'anime !!

Je me reprends en main et me priorise

Aujourd'hui, je ne fais plus du tout l'impasse sur ce qui peut me faire du bien, et l'écriture en fait partie. C'est dernièrement que je me suis découvert un certain intérêt pour cet exercice d'écriture. On dit souvent que c'est durant les périodes les plus sombres, que l'on mesure vraiment son potentiel, ses forces, ses faiblesses. C'est aussi dans les périodes de trouble que l'on va à la rencontre de soi, que l'on se découvre parfois de nouvelles passions et clairement c'est mon cas.

C'est tout naturellement que je me suis mise à me reprendre en main, à faire un travail sur moi-même. Alors je vais pas te dire que je suis tous les jours aux anges, que je broie du rose en permanence. Il y a des fois où tout va bien se dérouler, où clairement je me sens bien, je suis enjouée, déterminée, motivée et satisfaite de moi. Par contre le lendemain, ça peut être le contraire et c'est dur à assumer et comme je l'expliquais précédemment c'est même frustrant. C'est ce que l'on appelle de la « cyclothymie ». Au bout d'un certain temps, tu prends l'habitude, ça c'est le côté le plus négatif de la dépression, c'est la rechute.

Mais je m'accroche, je me bats de toutes mes forces. Ce n'est pas de la bipolarité, c'est juste un symptôme de la dépression, d'une personne à bout de nerfs. Ce que j'ai remarqué également, c'est que physiquement, certains jours la dépression va avoir un impact sur ma force physique autant que morale. La dépression fatigue, épuise. Ça n'a l'air de rien, mais on puise tellement d'efforts en nous que ça fatigue, ça paraît idiot, mais certains jours, le moindre effort est une victoire.

Et à l'inverse, d'autres fois, tu auras beaucoup de mal à m'arrêter, à me stopper car je déborde d'énergie, je suis hyper productive. Au début de la maladie, je m'en voulais et je culpabilisais d'être dans mes mauvais jours car dans ces moments là, je n'ai envie de rien, tout m'énerve, la moindre petite sensation ou pensée peut me faire fondre en larmes.

C'est quand même grave de culpabiliser dans le fait d'être malade et pourtant je peux vous assurer que c'est vrai. Comme me l'a dit mon médecin, il faut vivre pleinement les émotions aussi bien positives que négatives, ne pas s'en vouloir.

Il faut essayer de sortir, de bien s'entourer. De façon très personnelle, je pense que la routine que j'ai mise en place et les moindres attentions sont bénéfiques pour ma guérison. Cette routine comprend plusieurs choses, le sport quotidien, une alimentation saine, prendre soin de moi, penser à moi, écouter mon corps, mes envies, mes besoins, me récompenser, mais également la gratitude, chose que je ne faisais pas du tout avant.

Le journaling fait également partie de mes réflexes. Ce que j'adore, c'est me rendre dans un café, me poser, écrire ce que je ressens à l'instant T. Ces moments de solitude me font tellement de bien. Le fait d'être focus sur soi, de se concentrer sur sa vie, ses projets, ses ambitions, j'ai clairement l'impression que dans la société d'aujourd'hui, tout ceci est devenu un luxe.

On court partout, on ne se pose jamais, on ne fait plus attention à ceux qui nous entourent ou alors c'est pour déverser de la colère ou de la haine. Quand je suis sur Bordeaux, c'est encore plus choquant et frappant. Dans les transports en commun, je suis comme tout le monde, je suis sur mon téléphone, mais il m'arrive de lever la tête et d'observer ce qui se passe autour de moi. Ce que je vois est très explicite de la société d'aujourd'hui, des gens la plupart du temps, indifférents les uns envers les autres, parfois tristes, blasés. Bien heureusement, il existe des exceptions, et c'est tellement agréable quand un ou une inconnue vous sourit sans raison, par gentillesse et de façon désintéressée. J'adore ce genre de comportement, ce sont des gestes purement gratuits, bienveillants, heureusement qu'il existe des personnes solaires comme ça. Pour les anciennes générations, c'était dans la mentalité, aujourd'hui, ça ne rentre plus dans les codes, c'est tout juste si « le bonjour » est encore pratiqué. D'ailleurs, je vois sur le réseau Threads que les gestes simples, les sourires sont quelque chose de précieux pour les internautes, je ne compte plus le nombre de fois où j'ai lu des posts qui parlaient de ces « sourires gratuits » venant d'un ou d'une inconnue, de ces gentillesses que peuvent se faire les femmes entre elles. Finalement, c'est comme si nous rêvions tous en secret d'un « monde meilleur », sauf que personne n'ose réellement le clamer haut et fort. Sur ce réseau, la plupart des gens sont gentils, simples, bienveillants, si ça pouvait être comme ça dans la vie réelle. Le monde s'en porterait bien mieux.

Je pense que la plupart des valeurs essentielles ont disparu, un simple sourire, un simple geste amical, un mot gentil, ça paraît tellement bizarre aujourd'hui, alors que c'est juste la base.

La différence : atout majeur et qualité admirable

J'aime les personnes solaires, qui diffusent de la bienveillance par un geste, un regard, une attention ou tout simplement de la politesse, sauf que ce genre de valeurs se perd. On se rend bien compte que dans la société d'aujourd'hui, l'égoïsme a pris le dessus sur tout cela et je trouve cela grave. Autre anecdote qui a le don de me mettre en rogne et qui me touche particulièrement. Aujourd'hui, je traversais la rue Sainte-Catherine, un jeune homme « gay » est passé à côté de moi, et un peu plus loin devant, il y avait une bande de trois jeunes qui n'ont pas pu s'empêcher de se retourner pour lancer un regard moqueur en parlant de la tenue du jeune homme en question. Je t'explique pourquoi ce genre de comportement et de réaction totalement immatures me révoltent. Nous sommes en 2024, et la « différence », la divergence d'opinion, de vie sont encore stigmatisées par la majorité.

Très honnêtement, je tire mon chapeau à ceux qui osent

être eux-même, qui osent assumer leur style vestimentaire, leur look décalé, leur sexualité....

Je pense que nous vivons déjà dans un monde bourré de complexité sans pour autant en rajouter une couche et se moquer des minorités qui réclament tout simplement le droit de vivre. Il y a encore un mot qui me gêne aussi c'est le mot « normal ».

Et si par exemple à telle âge, tu n'as pas d'appartement, pas de CDI, pas de situation stable, pas de mari, pas d'enfant et bien tu es considéré(e) comme étrange, bizarre. Et bien je dois être bizarre, car c'est mon cas et je l'assume !

Seulement ce que les gens ne se disent pas, c'est qu'il y a peut-être une raison à tout cela. On ressent le besoin de juger la vie des gens sans essayer de s'intéresser à eux et de comprendre. Et moi c'est cela que je reproche aux gens de ma génération, c'est de juger sans même connaître. Tout cela fait écho évidemment à la période de mon harcèlement scolaire. Aucun ne s'est donné la peine d'essayer de me connaître, aucun ! Demandez-vous seulement ce que je peux ressentir face aux autres, face aux moqueries, face aux regards !

Quand je suis sortie de cette époque douloureuse en rentrant à l'université, je me rappelle que la souffrance infligée par la solitude m'avait forgée une certaine personnalité et des valeurs comme celle de ne pas laisser quelqu'un tout seul. Je savais trop ce que c'était que d'être mise de côté, introvertie ou même d'avoir du mal à s'intégrer dans un groupe. Quand on est timide, ça demande de l'effort et ça nécessite de sortir de sa zone de confort. Je ne voulais pas être comme ceux qui m'avaient harcelée.

En fait, je faisais ce que j'aurais voulu qu'on fasse pour moi à l'époque, c'est-à-dire « tendre la main », avoir une oreille attentive, un soutien, un ou une confidente. Je voulais me faire aimer et je me sentais si seule. J'ai toujours détesté l'injustice et pour cause, je me rends compte que mon harcèlement m'a forgé un caractère et a fait de moi la jeune femme que je suis aujourd'hui....

Donc finalement, il y a du bon dans tout cela, celui de voir que je n'avais aucune méchanceté en moi, que j'avais des valeurs et la possibilité de me regarder dans une glace. Et je dois avouer que c'est vraiment agréable de se dire que le mal ne fait vraiment pas partie de moi. On dit souvent que si les enfants harceleurs s'en prennent aux autres enfants, c'est qu'ils ont un profond mal-être et que le fruit de leur haine n'est que le reflet de leur propre frustration, sauf que d'un point de vue personnel, je trouve cela un peu facile.

Pour moi le harcèlement est généré par une mauvaise éducation, des parents trop laxistes, des enfants « rois » qui n'ont aucune limite, aucun cadre et également une mauvaise influence. Les réseaux sociaux sont aussi responsables de ce chaos. De nos jours, combien de jeunes se font harcelés sur des plates-formes. C'est vraiment lamentable. À l'époque de mon harcèlement, le cyber-harcèlement n'existait pas vraiment, dans un certain sens, j'ai eu la chance d'échapper à ça. Je trouve que c'est encore plus minable et lâche d'une certaine façon.

Malheureusement, lorsque le mal est fait, il est trop tard et cela peut hélas aller trop loin et conduire parfois au pire. J'ai eu la chance d'avoir une certaine rage inconsciente, je suppose que ce sentiment m'a poussé à ne jamais abandonner même si j'avais mal. Il n'en demeure pas moins, qu'aujourd'hui ces traumatismes sont encore très présents et c'est d'ailleurs l'une des raisons qui ont fait que je suis tombée dans la dépression. Les mauvais souvenirs remontent à la surface, je n'ai jamais vraiment réussi à oublier et faire abstraction des regards, des paroles, des gestes.

Je me rappelle que pour palier à tout cela, j'avais tenté l'EMDR avec ma première psychologue. De façon très personnelle, cet exercice me faisait du bien sur le moment, ça me libérait mais ça n'a pas été suffisant ni très concluant dans mon cas, après honnêtement, je n'en ai fait que trois séances. Tu sais j'en suis à une étape de ma vie, où je cours littéralement après le bonheur. À l'heure où je te parle, j'ai 30 ans, je viens de les avoir et mon seul but en ce moment, ma priorité c'est d'être heureuse, de trouver le bonheur,

194

d'être épanouie, de me prouver que je suis capable, que je suis assez, que j'en vaux la peine....

Je me dois de m'aimer, de m'accepter telle que je suis pour ne pas laisser le passé empiéter sur mon présent et mon futur. Sauf que jusqu'à présent, j'ai fait tout l'inverse. Je me rappelle que quelques semaines avant le décès de ma tante, j'avais eu une conversation très sérieuse avec elle. Et elle m'avait dit quelque chose qui m'avait frappé, et je crois d'ailleurs que ces quelques mots resteront toujours en moi car ils étaient vraiment plein de sincérité, de gentillesse et d'espoir. Elle m'avait dit tout simplement « Vis ! Parce que les autres ne le feront pas à ta place. »

Et je dois dire que j'ai toujours les larmes qui montent quand je repense à cette conversation, car d'une certaine façon, elle me disait inconsciemment, que pour elle, ce serait compromis. Sa mort a eu vraiment beaucoup d'impact sur moi, et c'est précisément à ce moment là que je me suis enfoncée dans la dépression et l'anorexie. J'avais perdu quelqu'un qui faisait partie de mon quotidien que je voyais souvent. Nous avons appris ma famille et moi que sa fin était proche seulement trois jours avant son décès. Il a fallu réaliser et digérer la nouvelle assez vite, mais humainement et sentimentalement ce fut juste impossible et insoutenable. Je me rappelle des quelques conversations que j'avais eues avec elle concernant ma personnalité et mon mal-être en raison du harcèlement.

Un peu plus tôt je te disais que je baissais le regard et contournais les bandes de jeunes sur mon chemin. Je me rappelle que ma tante m'avait dit, « quand on ne te connaît pas, qu'on ne connaît pas ta souffrance, ton histoire, ça peut passer pour de la prétention, du narcissisme et du snobisme ».

Et juste après tout ça, elle m'a dit « Moi je sais que tu n'es pas comme ça car tu es ma nièce et que je te connais, mais les autres ne le savent pas. »
Malheureusement, les victimes de harcèlement n'osent pas en parler, car elles ont peur qu'on leur colle une étiquette toute leur vie et je crois que pour moi ce fut le cas, pendant

dix ans. Sauf que ce n'est pas de l'ignorance, du mépris, bien au contraire, c'est de la souffrance, rien de plus. Autre petit exemple, je fais souvent des selfies, des photos de moi, ce n'est pas du narcissisme, ni de la prétention, mais j'ai mis tellement de temps à m'accepter, à aimer ce corps qui est le mien, qu'aujourd'hui, oui, j'aime bien me prendre en photo. Je me sens jolie et mieux dans ma peau, j'en profite. Il est possible de s'accepter après 20 ans de souffrance, il est possible de transformer son corps, si on ne se sent pas bien dedans. Tout est possible ! Et c'est une femme qui revient de loin qui vous le dit.

J'apprends même à m'accepter sans make-up, ou alors avec le minimum du minimum. Et je dois dire que c'est ce que ma communauté préfère, c'est très flatteur dans le sens, où ça fait plaisir de voir que ce ne sont pas les artifices, les filtres qui font la beauté d'une personne, c'est son tempérament, sa joie de vivre, son naturel.....

Un Mal pour un Bien ! Des séquelles morales

Aujourd'hui, dans ma vie de femme, ce passé a de graves répercutions sur ma sociabilité, ma sensibilité, mon état d'esprit, mes valeurs. Ce passé m'a forgé, je suis persuadée que sans tout ça je ne serai probablement pas la même, c'est même une certitude.

Chaque expérience vécue a une conséquence sur notre santé mentale. J'ai mis du temps à en prendre soin, à me donner de l'importance. Il a fallu affronter le burn-out, une relation fraternelle chaotique et décevante, des relations amicales toxiques, l'anorexie mentale et enfin la dépression pour que je prenne conscience de certaines choses.

Quand j'étais plus jeune, pour moi, il n'était pas utile de s'accepter, ni d'avoir d'estime de soi pour aimer en retour. En fait, je pensais que si l'on se mettait à m'aimer, j'allais m'aimer en retour. C'est une des raisons pour lesquelles, je courais après l'amour, la reconnaissance, j'avais un réel manque de tout ça. Je voulais que l'on me sauve. Sauf que j'avais tout compris de travers.

Il fallait que je commence par m'aimer, m'estimer pour recevoir un amour sincère en retour. J'ai tout fait dans le désordre. Si l'on a abusé de ma gentillesse, de ma sensibilité, de mon côté empathique, c'est que j'avais une estime de moi si basse, que je donnais la possibilité aux mauvaises personnes de m'atteindre et donc d'exercer sur moi une énorme toxicité.

J'étais devenue en quelque sorte responsable, de ce que l'on me donnait, de ce que l'on voulait bien m'accorder. On dit souvent que l'on attire, ce que l'on est, c'est véridique, moins vous vous aimez, plus vous attirerez des personnes malveillantes qui n'ont rien à vous offrir de concret et de sincère. Alors, j'ai décidé d'apprendre à m'apprécier, de travailler sur moi et pour moi.

J'ai lu aussi dans un livre de développement personnel, que nos gestes nous trahissent et permettent aux autres de nous cerner immédiatement, avec moi c'était chose facile. Ma posture, mon regard, mon comportement disaient déjà tout de moi, il n'était pas difficile de discerner chez moi un manque de confiance, d'estime, qui donnaient de ce fait du crédit aux enfants harceleurs ainsi qu'à leur pouvoir sur moi. J'étais vraiment un « livre ouvert », jamais un mot plus haut que l'autre, jamais une riposte, jamais ! J'étais la petite-fille modèle, bien élevée, proche de ses parents, plutôt bonne élève.

Durant ma scolarité, je n'étais pas appréciée pour moi mais pour ce que je pouvais apporter aux autres. Je réalise que les autres enfants se mettaient à côté de moi en cours pour se moquer, pour copier, car j'étais plutôt assidue et sérieuse.

Et puis il y avait aussi, les élèves qui refusaient de m'approcher, soi-disant parce que j'avais une maladie, que j'étais contagieuse. On a fait semblant avec moi, en amitié, en amour, on m'a fait croire que j'avais de la valeur. Moi-même, j'ai mis du temps à me donner cette valeur. Donc au final tout s'explique, pour donner envie aux autres d'être bien avec moi, il fallait que je sois déjà bien avec moi-même.

Et en commençant tout ce travail, j'ai mis certains réflexes en place, la gratitude et le fait de s'auto-complimenter sont devenus des petits gestes importants pour moi. Étant plus jeune, j'avais du mal à concevoir qu'on puisse se faire des compliments à soi-même, je pensais que tout cela relevait d'une certaine forme de « prétention ». Je me suis toujours dit que les compliments devaient venir d'autrui et pas l'inverse. Je ne me sentais pas digne, ni méritante de me faire des compliments. J'avais fini par donner raison à tous ces enfants qui s'étaient acharnés à me faire croire que je ne valais rien, que je n'étais rien.

Pour moi, ils étaient nombreux à me le dire, donc leurs paroles étaient fondées. Et le plus malsain, là-dedans, c'est que je m'étais persuadée que le problème venait de moi, c'était la seule hypothèse possible. Je m'étais dit que si je changeais de look, de coiffure, peut-être que l'on finirait par m'aimer. J'étais persuadée que le problème venait de mon physique et en grandissant j'ai compris que le problème venait plutôt de mon mental. Mine de rien, ils avaient réussi à me faire douter de moi, de mes capacités, de mon physique, de tout finalement. Il y avait et il y a toujours d'ailleurs un gros travail à faire sur « l'acceptation de soi » en ce qui me concerne.

Les impacts dans ma vie d'aujourd'hui, ne s'arrêtent pas là. Ayant subi également une autre forme de harcèlement dans le monde du travail, j'ai été traumatisée et de ce fait, j'ai nourri une certaine appréhension des patrons, du monde du travail en général, de tout ce qui était « démarches », actions purement banales comme le permis.

Ah le permis, parlons-en ! J'ai fait 3 auto-écoles différentes. C'est sans doute l'une de mes plus grandes phobies à ce jour. Et oui, j'ai trente ans, et je n'ai pas mon permis. Qu'est ce que tu veux que je te dise, c'est la vie ! Suis-je une martienne pour autant ?

Je plaisante, mais si tu savais comme j'ai pu être jugée pour toutes ces choses que je n'ai pas encore, que les autres ont déjà. Alors oui, je suis peut-être une fille « atypique », je dirais plutôt que je suis une fille d'une simplicité sans nom avec une existence complexe comme je le disais au début de ce livre. Est-ce que je mérite pour autant d'être mise de côté, moquée, injuriée, humiliée, non je ne le pense pas, absolument pas ! Je ne vis pas au même rythme que les autres, mais la vie n'est pas un marathon, je ne participe pas à une course. Nous avons tous quelque chose que l'autre n'a pas.... C'est comme ça, c'est la vie. Ce qui ne change pas, c'est que sur l'échelle du bonheur, nous sommes tous égaux.

Ne dis-t-on pas que le plus important dans la vie, c'est d'être une belle personne ? Et bien je vais peut-être te choquer, mais je pense faire partie de ces belles personnes et je vais te dire pourquoi. Pendant de nombreuses années, j'ai couru après quelque chose que je pensais nécessaire à ma vie et à mon épanouissement personnel, l'amour, la considération, la reconnaissance. Je ne me suis pas autorisée à être moi-même, j'avais peur du jugement, je prenais des décisions en écoutant ma raison et pas mon cœur. Je me suis même convaincue, que je ne méritais rien de bon, j'étais devenue ma « pire ennemie », j'avais repris le flambeau. J'avais continué ce travail de « sape mentale ». J'ai été tellement dure et exigeante envers moi, mais pas assez avec les autres. J'ai tellement pardonné, je me suis manquée de respect. Je me suis rabaissée, j'ai infligé des choses à mon corps avec l'anorexie, je me suis sous-alimentée pour me vider de toute cette colère qui fermentait en moi pendant tant d'années. « Fermenter », c'est le terme adéquate quand tu gardes quelque chose sur l'estomac pendant trop longtemps, un beau jour tu finis par vouloir te libérer de cette douleur, de ce poids.

Alors oui, je suis une guerrière et je n'ai pas honte de le dire. Je ne me suis jamais moquée du physique de quelqu'un, je n'ai jamais rabaissé quelqu'un, écrasé quelqu'un pour briller, je n'ai jamais fait d'ombre à qui que ce soit. Je n'aurais jamais pu me regarder en face, ce sont là les valeurs que mes parents nous ont inculquées à ma sœur et moi, l'humilité, la simplicité. Et je mesure aujourd'hui, à quel point j'ai été forte de supporter tout ça pendant tant d'années.

Faire le bien ! Une mission de vie

Sur les réseaux, ce qui est le plus plaisant, c'est de voir que notre expérience sert, que nos conseils ont de la valeur, que nous avons une incertaine influence, un impact dans la vie de nos abonnés. J'adore que l'on me dise « merci pour cette recette », « grâce à toi je mange mieux », « tu m'aides dans ma vie de tous les jours », je pense que c'est même ça, ma récompense aujourd'hui, ce ne sont pas les likes, les vues, l'engagement des abonnés, c'est le fait de pouvoir être utile, d'aider comme je le peux, à mon échelle. On sent que l'on est considéré et ça fait beaucoup de bien quand on a pas l'habitude.

Mis à part ça, s'il y a bien quelque chose que je sais c'est que j'adore par dessus tout faire des compliments aux autres, j'ai toujours aimé ça. Je n'attends absolument rien en retour, mais j'adore faire sourire les gens. Je me rappelle des paroles de ma première psychologue qui m'avait dit que j'avais une sorte de mission à mener. Mais à cette époque, je ne comprenais pas vraiment ce qu'elle voulait me dire. Aujourd'hui, je commence à comprendre ce qu'elle a voulu me faire passer comme message. Ayant subi des traumatismes, ayant vécu beaucoup de choses, je me devais de « montrer l'exemple en quelque sorte, de diffuser de la bienveillance autour de moi » pour montrer que cette valeur existait toujours malgré ce que l'on croit.

On m'a souvent dit que j'étais une « bisounours », qu'il fallait que j'arrête de croire aux contes de fées, alors excuse-moi mais je préfère croire à tout ça que de tomber dans quelque chose qui me dépasse. J'ai sans doute des idées arrêtées sur mon époque, un tempérament différent qui n'est pas vraiment en accord avec la mentalité de ma génération. D'ailleurs quand j'échange avec des abonnés sur Threads, ils me disent souvent que les personnes avec mon tempérament sont rares. Comme je le disais, je ne me positionne pas au dessus des autres mais je pense que mes arguments sont recevables et fondés comme toute autre personne. Je me rends compte que je ne suis pas la seule à être dans cet état d'esprit, j'ai rencontré des instagrameuses qui ont un peu la même vision de vie que moi et ça fait plaisir de voir que ce n'est pas qu'une illusion, il existe bel et bien des personnes sensées sur cette terre, il suffit juste de les attirer.

Se lancer seule, le challenge !

Il n'est jamais trop tard pour repartir de zéro, saisir cette chance, sauter le cap. Moi-même c'est ce que j'ai fait en changeant de voie professionnelle. J'ai eu un master 2 en Histoire des Mondes Modernes et Contemporains. De base, je voulais devenir historienne mais à la fin de mes études, je me suis rendue compte que mes envies avaient évoluées, que je m'étais sans doute un peu emballée. Et je me suis tournée vers quelque chose de complètement différent avec l'influence. Et finalement, ce n'est peut-être pas un hasard si j'ai choisi cette profession. J'ai toujours voulu créer un lien avec les autres, échanger, partager, apprendre...

Je voulais mon indépendance, j'avais été dégoûtée par les expériences que j'avais rencontrées en tant qu'employée et je pense aussi que j'avais besoin de me prouver quelque chose à moi-même que j'avais les capacités d'entreprendre toute seule, de prendre une certaine revanche sur le passé.

Si j'ai choisi le marketing d'influence, c'est qu'il était en parfaite adéquation avec mon état mentale, en travaillant de chez moi, en parlant à travers un écran, je n'avais pas un contact direct avec les autres, et je dois dire que ça m'arrangeait, sauf que c'est à double tranchant car la solitude pèse quand même, bien que ce métier soit une véritable passion. Mais comme je vous l'ai dit, c'est un choix personnel, qu'il faut savoir assumer même s'il nous éloigne de la vie « réelle ». Je dois avouer que cette vie « réelle » a trop tendance à me manquer par moment. Il m'arrive même d'en pleurer.

La vie de micro-entrepreneur n'est certes, pas facile, mais pour moi c'est un sacré défi, un challenge, et une façon pour moi de démentir tout ce que l'on a pu dire sur moi. C'était comme un pied de nez au passé. Je devais me réconcilier avec moi, me pardonner, me rendre fière mais également rendre fière la petite fille que j'ai été. Aujourd'hui, je suis sur le chemin de la résilience, je puise mes forces dans le soutien de mes proches, dans mes ambitions, dans le fait de donner le meilleur de moi-même chaque jour, de ne pas abandonner malgré des jours de coup de blues intenses.

Lever le regard, ne plus s'excuser d'exister

Quand je tente de regarder quelqu'un dans les yeux, soi je finis par baisser le regard et je laisse place au malaise, soi c'est la personne qui finit par baisser son regard quand je la regarde. Je n'ai jamais réussi à maintenir ce regard avec quelqu'un. Ah si, une fois ! Une seule ! La première fois que je suis tombée amoureuse, c'était au lycée, j'avais 16 ans. Je me suis toujours sentie inférieure enfin du moins c'est ce que l'on m'a fait croire pendant tant d'années, et inconsciemment, je continue involontairement de le croire.

Ma mère me dit que je ne devrais pas, que je n'ai pas à me sentir mal à l'aise ou indigne de tout ça, tout comme ma psychologue. En fait, à chaque fois que je vais dans un nouvel endroit avec des jeunes de mon âge, je me dis direct « Ils ne vont pas m'aimer ». Je crois même que cette phrase pourrait résumer ma vie comme je te l'ai dit plutôt, ça n'a l'air de rien, mais c'est fort comme phrase, c'est une affirmation. Je ne me laisse aucune chance, pas le moindre bénéfice du doute. C'est automatique dans mon esprit. Ils ont réussi à mettre des hésitations dans mon cerveau, à me faire douter de moi et ça fait vingt ans que c'est comme ça.

En fait je crois qu'il faut le vivre pour le comprendre, pour ressentir cette douleur, celle de se sentir comme « exclue » et mise à l'écart par avance. Les gens sont si peu délicats quand il s'agit de faire comprendre à une personne qu'elle n'est pas la bienvenue, qu'elle n'est pas désirée. Je me rappelle d'un bal de promo, celui de ma terminale. Je m'étais faite toute jolie, c'est la fin de l'année, tu as envie de t'amuser comme tes camarades de classe. En plus, j'adore danser, c'est même un des seuls domaines où je me sens sûre de moi et totalement libre. Mais ce soir là, la bande qui se moquait de moi, me regardait en rigolant, puis il y avait des gestes, ils me pointaient du doigt. En parlant de danse, c'est fou, mais je me suis toujours sentie mal à l'aise en boîte de nuit, enfin du moins, pas autant à l'aise que dans une salle de danse. Je danse mais pas avec autant d'aisance que sur un parquet de danse. J'ai toujours peur d'être jugée. Les critiques arrivent tellement vite.

La salle de danse, ça c'est vraiment ma « Safe Place ». Je sais que je suis avec des femmes qui partagent la même passion que moi, que je suis dans une école, que j'apprends comme tout le monde, ce n'est pas le même contexte qu'une boîte, ou qu'une soirée.

Ouvre les yeux sur les autres !

Tu vas dire que je suis trop direct sur mon époque, que mon esprit est trop stricte, que mon point de vue est trop abrupte, trop tranchant. Et pourtant je te jure que j'essaie à chaque fois de voir le bon côté de chaque personne avant de finir par être déçue. C'est d'ailleurs pour cela que je souffre, que je tombe de haut à chaque fois.

Dans notre vie, on fait toutes sortes de rencontres, certaines nous forgent, nous enseignent des choses, nous donnent des leçons et puis il y a celles que l'on aurait préféré éviter, que l'on préférerait oublier et chasser de notre mémoire mais malheureusement, ça n'est pas possible.

Tu sais, le but de ce livre, ce n'est pas de me mettre en avant, de me faire plaindre. Non, le but c'est de me libérer, de mettre fin à mes traumatismes en les couchant sur le papier, de me confronter à ce passé une bonne fois pour toutes. Bien-sûr, il fera toujours partie de moi malheureusement, il agit sur ma vie de femme, dans mes relations amicales, amoureuses, dans mon rapport aux autres, mais justement, c'est aussi une façon de me montrer authentique, sincère, celle que je suis.

Si j'ai un conseil à te donner quand tu rencontres quelqu'un, peu importe le domaine (travail, amical, amoureux.....) apprends à connaître la personne, ne lui donne pas le bon dieu sans confession.

Moi j'aurais tendance à me dévoiler trop vite, à faire confiance trop vite et c'est vraiment ce qui me fait défaut, car comme je l'ai dit, j'ai toujours envie de croire que la personne qui est en face de moi est une personne digne de confiance, sauf que malheureusement je me suis souvent trompée. Comme on dit, seuls les actes comptent, les paroles n'ont aucune valeur. On dit aussi que si tu penses que les autres auront le même cœur que toi, crois-moi tu seras déçue et naïvement j'y ai cru pendant longtemps, ce qui m'a amené à fréquenter les mauvaises personnes, à m'attacher à eux sans me rendre compte qu'ils n'auraient aucun scrupule à me blesser.

Tout ce que je retiens.....

Je ne sais pas si tu connais l'image de la feuille blanche froissée, une fois qu'une feuille est piétinée, froissée, tu peux t'y prendre comme tu veux, cette feuille ne sera plus jamais la même, les expériences, les épreuves changent une personne à jamais. Et bien pour les humains, c'est la même chose, l'impact est similaire.

Je me rappelle également que quand mon frère se moquait de moi, il finissait toujours par me dire « Oh mais c'est bon, c'est pour rigoler.... ». Tu sais cette fameuse phrase, qui est sensée réduire l'impact et qui inconsciemment empire les choses. On dit toujours qu'il y a une part de vérité dans ce que l'on dit.

Si un jour, j'avais des enfants, je leur dirai que le jugement n'est pas une solution, que seule, l'acceptation de l'autre dans sa « différence » est juste.

Je leur dirais que la communication est beaucoup plus utile et juste, que la violence. Je leur dirais que si un jour, ils se retrouvaient confrontés à ce genre de problème, ils devraient en parler immédiatement de manière à ne pas en souffrir sur le long terme. Je leur dirais également de choisir un métier qui les rend heureux, de ne pas choisir une profession par dépit, de prendre le temps de réfléchir, de savoir allier vie privée et vie professionnelle, ce que je n'ai pas su faire malheureusement.

Je leur dirais de bien apprendre à connaître une personne avant de lui faire confiance et ce dans tous les domaines, amour, amitié.... Je leur expliquerais que la perfection n'existe pas et que de toute façon, on s'en fout, pourvu que l'on se montre sous notre vrai jour et que les autres nous aiment pour cette raison.

Je leur dirais que les Troubles du Comportement Alimentaire, c'est de l'auto-destruction, une véritable plaie, un puits sans fond et que pour en sortir j'ai dû me battre corps et âme mais également que le temps a fait son œuvre.

Je leur dirais que dans la vie, ce qui compte le plus, c'est le partage, l'entraide et que la méchanceté ne sert à rien, que c'est une perte de temps totale pour celui qui en fait preuve et une souffrance inexplicable pour celui qui la reçoit, que cela peut gâcher des vies.

Et pour finir je leur dirais que malgré ce que l'on peut croire, la différence n'est pas un défaut, qu'au contraire, c'est un luxe, que l'assumer est une grande preuve de courage et quelque chose d'admirable. Que chaque être humain n'a pas à se justifier sur ses choix de vie, sur ses émotions, ses pensées, son look vestimentaire, sa sexualité.....

Que l'on est comme on est..... Ne juge pas les autres, ne sois pas ingrat envers les autres, essaie de les comprendre, mets toi à leur place, tu as le droit d'avoir une pensée, une opinion, mais affirmer sans connaître, juger sans savoir pour moi, c'est de la simplicité alors que comme nous le savons tous, la vie est loin d'être un long fleuve tranquille.

Certains sourires peuvent cacher des blessures. Et quand tu demandes à une personne comment elle va, demande lui deux fois, la première fois pourrait être « oui ça va » avec un sourire forcé et en fin de compte, la personne pourrait finir par s'ouvrir et avouer que finalement « non ça ne va pas. »

Nombreuses sont les personnes qui n'osent plus parler, de peur d'être jugé, de peur de gêner, d'embêter.... C'est très mal vu dans la société d'aujourd'hui, d'être mal, de ne pas aller bien, de demander de l'aide. Ce qu'il faut savoir c'est que la plupart du temps, ces personnes font preuve d'une certaine force et d'un courage en restant seules, isolées, dans l'ombre pour ne pas imposer leur présence aux autres.

Mais demander de l'aide n'est pas une honte, venir en aide à une personne est vraiment un acte de générosité, d'amour, d'amitié. J'ai l'impression que tout ce qui rassemble les gens est devenu démodé voire ringard.

Vis tout pleinement !

Avant qu'elle ne décède, ma tante m'a dit « Vis », et moi j'ai fait tout le contraire, j'étais perdue, mal.

Aujourd'hui, je reprends peu à peu goût à la vie par plein de petits moyens, alors évidemment, le combat est encore très long, j'ai encore beaucoup de progrès à faire, j'ai toujours des phobies, des peurs mais je mets tout en œuvre pour sortir de tout ça, je suis là pour moi, je fais de moi ma priorité. J'ai de l'ambition, des projets que j'espère concrétiser malgré ce manque de confiance en moi et cette anxiété sociale. J'espère de tout mon cœur y arriver, je n'ai rien à prouver à qui que ce soit, juste à moi, ce combat, c'est à moi que je le dois et c'est moi que je dois rendre fière.

Nous ne devons rien à personne et nous ne devons rien attendre des autres, si quelque chose doit venir, il doit venir naturellement et volontairement. J'ai appris qu'il ne faut rien forcer pas même le fait de vouloir se faire aimer et de se rabaisser pour obtenir quoi que ce soit des autres. C'est un manque de respect envers soi-même, je ne dis pas que c'est facile de penser de cette façon, mais je pense que quémander l'amour et l'attention des autres c'est encore pire. On se met à douter de nous, de notre capacité à être heureux, de notre valeur.... Et en plus les gens en profitent pour nous faire tourner en bourrique.

On s'éloigne des autres petit à petit, on ose plus les regarder, on ose plus leur parler, on ose plus rien, on vit à côté, en retrait, on est comme des fantômes quelque part. Ce n'est même pas de la vie, c'est de la survie, une illusion.

J'ai conscience que ce livre ne plaira pas à tout le monde, j'ai conscience que certains de mes termes sont peut-être forts, que certains détourneront et amplifieront mes paroles mais j'ai appris également qu'on ne peut pas plaire à tout le monde et que seule, moi sais ce que j'ai vécu et aies ressenti pendant toutes ces années, j'avais juste besoin de me confier et de rassurer les personnes qui sont dans le même cas que moi.

Préserve toi !

À toi qui lis ce livre et qui te reconnais dans mes lignes, ne doute pas de toi, ne doute pas de la personne que tu es, accroche toi à tes convictions, à tes valeurs. Ne laisse personne te dire que tes émotions et pensées ne sont pas recevables sous prétexte qu'elles ne sont pas en accord avec l'époque, la mentalité de la société. Tu existes et tu as le droit d'exprimer tes volontés, tes idées. Fais ce qui te rends heureux et fais le souvent.

Ne te cache pas, ne t'en veux pas d'avoir une relation fusionnelle avec tes parents, tes frères et sœurs. Ne te coupe pas de la vie sociale pour te noyer dans le travail, respire ! Fais la part des choses, il n'y a pas que le boulot dans la vie.

Ta santé mentale a énormément de valeur. Accroche toi aux personnes qui te tirent vers le haut, ignore les critiques de ceux qui te jalousent car tu as osé faire quelque chose que eux n'oseront jamais faire.

Prends soin de toi, apprends à t'aimer avant de trouver la bonne personne. Car si tu ne t'aimes pas, tu tomberas toujours sur des personnes qui ne t'aimeront pas correctement et à ta juste valeur. Alors chaque jour, sois gentil(le) avec toi, mets en place des routines qui te donneront le sourire et qui te rendront fière de toi. Fais toi du bien avec un mode de vie sain, autorise toi le luxe d'être toi même face aux autres, ne porte pas un masque, dis « non » lorsque c'est nécessaire et mieux pour toi.

Fais les bons choix, écoute ton instinct et ne fais pas trop vite confiance. Rends toi heureux avant de chercher à rendre quelqu'un d'autre heureux par la suite. Ne fais pas comme moi, fais les choses dans le bon ordre, car la seule personne avec laquelle tu es sûre de te réveiller chaque matin, c'est toi, donc prends soin de cette maison qui sera toujours la tienne, à savoir ton corps et ton esprit même si je sais que c'est plus facile à dire qu'à faire, fais ton maximum, c'est déjà génial.

Je voulais te dire que lorsque tu sens une angoisse, une

oppression dans la poitrine, un moment de doute, de tristesse....

Accepte la, ne lutte pas, ce sera pire.... Mais essaie tant bien que mal d'occulter, de penser à quelque chose de positif, t'inquiète pas, je sais que c'est très dur certains jours. Ne t'en veux pas surtout, l'ascenseur émotionnel prouve que tu es sur la bonne voie, que les choses sont en train de bouger, que tu es à un tournant. N'aies pas honte de ta situation, sois compréhensif, sois l'épaule attentive dont tu as besoin. Ménage toi physiquement, moralement car personne ne le fera à ta place. Accorde toi cette chance d'être heureux(se), c'est ton droit comme celui de la personne d'à côté.... Tout le monde est éligible au bonheur et au bien-être. Ne doute pas de ça.

Une page se tourne....

On est en juillet 2024 et au moment où je te parle, je suis dans une phase un peu spéciale, les angoisses refont leur apparition. Je t'avoue que j'ai vraiment du mal à les gérer, j'essaie tant bien que mal de m'occuper pour ne pas y penser. Je sors le plus possible de manière à ne pas ressasser, à ne pas ruminer. J'ai besoin que ça bouge autour de moi, la foule, j'ai toujours aimé ça. Je ne pourrais pas vivre à la campagne, le silence m'angoisse, je suis bel et bien une vraie citadine.

Comme je te le disais mes angoisses surviennent car nous sommes à la moitié de l'année, certes il s'est passé beaucoup de choses en 6 mois mais je dois prendre des décisions, des décisions qui me terrifient rien qu'à l'idée d'y penser. Avant-hier j'ai rencontré une praticienne en EMDR, une femme adorable, naturelle avec laquelle j'ai eu le feeling direct. Le contact est bien passé dès le premier rendez-vous. Je suis restée presque une heure et demie dans son bureau, chaque entretien est l'occasion pour moi de m'alléger l'esprit, d'être apaisée dans tous les sens du terme. Cette thérapeute m'a été conseillée par mon médecin, qui est elle-même une femme adorable, à l'écoute. Il est rare dans le domaine médical de trouver des personnes réellement impliquées dans les problèmes de leurs patients.

Avec cette thérapeute, j'ai l'impression de passer au prochain chapitre de ma vie, je vais sans doute l'écrire en partie grâce à elle bien-sûr avec ma détermination. Ce qui m'a donné espoir durant notre rendez-vous, c'est qu'elle m'a très vite cernée, et ce qui m'intéresse avec elle, c'est ce fameux travail d'EMDR. J'ai décidé de retenter le coup avec elle. J'ai constaté par le passé que l'écriture ne me soulageait pas plus que ça, aujourd'hui, c'est tout le contraire et surtout je pars du principe que je n'ai plus rien à perdre.

Cette femme a dit voir une rage, une détermination et beaucoup de colère en moi. Je lui ai même dit que je n'étais pas prête à pardonner, elle m'a dit que c'était vraiment normal pour le moment. Le « pardon » serait la dernière étape de ma guérison. Elle serait mon guide sur ce nouveau chemin que je m'apprête à prendre.

Ce week-end, j'ai pris la décision d'arrêter la thérapie avec ma première psychologue et de poursuivre mon chemin avec cette nouvelle thérapeute. J'ai l'impression depuis quelques temps de faire du surplace personnellement, ça n'a rien à voir avec ma première psy. Mais je crois que je dois attaquer le problème de fond aujourd'hui....

Ce qui m'a fait du bien, il y a deux jours, c'est de passer par toutes les émotions, le rire, le sourire, les larmes, la colère. Depuis quelques temps, je n'arrivais plus à pleurer, et généralement ça me soulage, même si ça peut te paraître bizarre....

Quand, tu as pleuré pendant longtemps et souvent, il arrive sans doute qu'au bout d'un moment, même si le côté sensible demeure, les larmes ne viennent plus et puis parfois ça revient comme là. Certaines de ses phrases m'ont rassurées, comme le fait de me dire que je n'étais pas en retard par rapport aux autres femmes, que la différence était un luxe, une pépite et pas un défaut, qu'il était normal de se renfermer et de s'éloigner après avoir subi autant d'épreuves à la suite. Pour elle, la première des choses, était de me « foutre la paix », et franchement c'est pas si simple que ça. Ma première psychologue avait raison quand elle me disait que je rentrais en lutte contre moi-même. La guérison est sans doute la phase la plus dure, car elle nécessite, de la patience, du temps, de la compréhension, de l'indulgence envers moi-même et du lâcher prise. Tellement de domaines, dans lesquels je suis loin d'être calée.

Mais malheureusement, je n'ai pas le choix, il va falloir apprendre....

Se déshabituer de nos réflexes, de notre état d'esprit habituel, c'est sans doute, ce qui va me donner le plus de fil à retordre. Et en même temps, je me dis que si la lumière était au bout, ça en vaudrait le coup. Non ?

Ce qui m'a rassuré également durant cette heure de discussion, c'est son regard sur moi, ses explications, son état d'esprit. Elle m'a même confirmé que mon côté créatif en lien avec mon métier, semble être la bonne voie pour moi. Elle m'a également dit que je n'étais pas faite pour être dirigée, pour être salariée, mais au contraire pour entreprendre et créer quelque chose toute seule.

Selon elle, je suis dans une année charnière, elle a donc confirmé ce que je pensais déjà. Ce qui me troubla avec elle, c'est sa capacité à percevoir des choses en moi dont je ne lui avais pas encore parlé. Elle voyait l'inquiétude que je causais à mes parents, leur amour inconditionnel pour moi et précisément, l'apaisement dont pourraient profiter mes parents une fois que je serai sur le chemin de la guérison. Ces mêmes mots, ma tante les avaient déjà prononcés il y a 3 ans. Selon elle, aujourd'hui, la seule chose sur laquelle je dois rester focus, c'est moi, mes projets, alors ça peut paraître un peu narcissique dit comme ça mais au contraire, je pars du principe qu'en allant de mieux en mieux, je serais à même de faire des rencontres qui me seront bénéfiques.

Et dans l'état d'esprit où je me trouve encore aujourd'hui, ce n'est probablement pas le bon timing.

On dit souvent que les choses qui en valent la peine prennent du temps. De façon totalement ironique, je te dirais que je ne suis plus à ça près.

J'ai hâte de poursuivre cette thérapie et de voir si elle m'est bénéfique.

Si je devais parler à la petite moi....

Tu sais en thérapie, on dit souvent, si tu pouvais parler à la petite toi d'il y a 10 ans ou même 20 ans, qu'est ce que tu lui dirais ?

Et bien déjà, je commencerais par m'excuser. Je m'excuserais d'avoir douté de sa valeur, d'avoir choisi la fausse compagnie à la solitude. Je m'excuserais de m'être mise de côté, de n'avoir rien dit pendant tant d'années et d'en souffrir encore aujourd'hui de ce fait...

Je lui demanderais pardon d'avoir mis à mal ma santé mentale pendant presque vingt ans, de ne pas avoir fait le travail nécessaire plus tôt. Je me demanderais pardon d'avoir maltraité mon corps pendant ma période d'anorexie, de l'avoir mis de côté.

Je demanderais pardon à la petite puce que j'étais, d'avoir pensé que les autres enfants et les professeurs qui m'ont harcelé avaient raison.

Je lui demanderais pardon d'avoir baissé les armes pendant tant d'années en baissant le regard, en n'osant affronter personne, pardon de m'être renfermée, de m'être privée de tant d'opportunités, de tant de bonheur, de chance.

Pardon de ne pas avoir cru en moi....

Je dirais aussi qu'aujourd'hui, je me bats encore et toujours, plus que jamais, il m'arrive d'en baver mais je n'abandonne pas. Je mets tout en œuvre pour trouver des solutions. De toute façon, je pars du principe que je n'ai plus rien à perdre et tout à gagner au contraire.

Et enfin pardon d'avoir cru que tu n'étais pas éligible au bonheur, à l'amour, à une amitié digne de ce nom. Pardon pour tout ça.... Je finirai par t'offrir le bonheur que tu mérites. Cela mettra peut-être du temps, ce sera sans doute compliqué, mais je finirai par y arriver.

Conclusion

Bon et bien tu sais tout, tu sais ce dont je souffre depuis deux décennies, ce qui me hante chaque jour, ce dont j'ai peur, ce qui m'oppresse. Je ne fais pas ce livre pour qu'on me dise « Oh la pauvre..... », non ! Je fais ce livre pour guérir, pour que tu apprennes à me connaître un peu plus si bien-sûr le cœur t'en dit.

Mais je fais aussi ce livre pour venir en aide à toutes les personnes qui se cachent, qui souffrent chaque jour de solitude, d'isolement, d'anxiété sociale, qui ont souffert et souffrent encore du harcèlement scolaire.

Je m'adresse aussi aux personnes qui se sont senties perdues à un moment donné de leur vie et dont c'est peut-être le cas encore aujourd'hui. Sache que tu finiras par trouver ta voie, si je peux te donner un conseil, parles-en autour de toi, à un proche, à un vrai ami, enfin bref, parles-en, des fois la réponse est sous tes yeux. Intéresse-toi à tout, tu vas finir par trouver, tu as forcément des centres d'intérêts.

Si tu as manqué d'attention, de reconnaissance et d'une certaine forme d'amour durant ton enfance, adolescence en dehors de l'amour que tu recevais dans ton noyau dur, ne cherche pas à combler ce manque en cherchant l'amour chez autrui.... Donne toi cet amour ! S'il y a quelqu'un à qui tu dois plaire, c'est toi ! Tu peux être là pour les autres, car penser à soi ne veut pas dire être égoïste, mais pense à ta santé mentale, à ton bien-être car les autres ne le feront pas à ta place. Alors fais-toi plaisir et sois la source de ta propre joie. Sois gentil(le) avec toi, sois bienveillant(e), patient(e), accepte toutes tes émotions qu'elles soient positives comme négatives.

Il faut aussi que tu saches que certains jours seront plus compliqués, c'est là la spécificité de la dépression et de la cyclothymie. Il faudra faire avec, si tu as besoin d'écrire, d'exprimer ce que tu ressens, ne te prive pas, ne te restreint pas, vide toi ! Il ne faut plus rien garder pour toi....

Ne te cache pas, tu as le droit de vivre, de parler, d'exprimer des sentiments, d'extérioriser....Mais le plus important, reste toi même !

Ne fais pas confiance trop vite aux personnes qui se trouvent sur ton chemin, certains resteront, d'autres s'en iront, leçon, bénédiction.... À toi d'en tirer un message, d'apprendre, ne laisse pas les autres profiter de toi, faire de toi leur marionnette. Préfère la solitude à la mauvaise compagnie. Profites-en pour faire des activités seule, une fois que l'on est capable de faire des choses seule, la présence d'une personne ne peut être qu'un plus.

Fais le bien autour de toi, c'est gratuit, qui sait?! Tu changeras peut-être la journée de quelqu'un, rien qu'avec un compliment, un sourire, un petit geste... N'oublie pas de t'en faire également, c'est important. Fais toi plaisir, célèbre tes victoires, un petit pas plus un petit pas plus un petit pas, ça fait un grand pas, ne te mets pas la pression, ce n'est pas un marathon, ni une compétition, déjà le fait d'essayer, c'est génial. Sois fière de toi ! Prends soin de toi! Je t'embrasse !

À mes lecteurs et lectrices....

Ce n'est plus seulement mon livre, c'est le tien aujourd'hui !

Ce n'est pas seulement mon histoire, c'est la tienne.

Ce n'est pas seulement mes doutes, ce sont les tiens aussi...

Ce ne sont pas seulement mes angoisses, ce sont aussi les

tiennes.

Je ne suis plus seule, et toi non plus.

Je m'écoute désormais donc toi aussi.

J'apprends à m'aimer, à ton tour !

J'apprends à me féliciter même si j'ai encore du mal parfois,

essaye tu vas voir comme ça fait du bien !

Je sors seule, je prends du temps pour moi, je progresse !

Et toi ? Où es-tu sur le chemin du bonheur ?

Moi tout ce que je sais, c'est que je suis sur la bonne voie

Tu me rejoins ?

Édition : BoD · Books on Demand, 31 avenue Saint-
Rémy, 57600 Forbach, bod@bod.fr
Impression : Libri Plureos GmbH, Friedensallee 273,
22763 Hamburg (Allemagne)
ISBN : 978-2-3225-3336-7
Dépôt légal : Mars 2025